CHRISTINE UND MICHAEL HLATKY

Bierbrauen zu Hause

MIT SPEZIALITÄTEN AUS GANZ EUROPA

LEOPOLD STOCKER VERLAG
GRAZ – STUTTGART

Umschlaggestaltung: Atelier Geyer, Graz
Umschlagfoto: Foto Tropper, Graz

Hinweis:
Dieses Buch wurde auf chlorfrei gebleichtem, unter den Richtlinien von ISO 9001 hergestelltem Papier gedruckt.
Die zum Schutz vor Verschmutzung verwendete Einschweißfolie ist aus Polyethylen chlor- und schwefelfrei hergestellt. Diese umweltfreundliche Folie verhält sich grundwasserneutral, ist voll recyclingfähig und verbrennt in Müllverbrennungsanlagen völlig ungiftig.

ISBN 3-7020-0790-3
Printed in Austria
Gesamtherstellung: M. Theiss Ges.m.b.H., A-9400 Wolfsberg

INHALT

VORWORT

Seit Erscheinen unseres Buches *Bierbrauen für jedermann* wurden wir bei vielen Vorträgen und Bierbrauseminaren immer wieder gefragt, inwieweit es möglich ist, auch zu Hause Spezialitätenbiere zu brauen, welche nicht den strengen Bestimmungen des „Deutschen Reinheitsgebotes" unterliegen. Nirgendwo sonst auf der Welt haben sich so viele regional unterschiedliche Biere gehalten wie in Europa, wo sich auf so engem Raum neben den auch hier in Mitteleuropa entwickelten untergärigen Bieren eine Vielzahl von **Spezialitätenbieren** behaupten konnte. Auch wenn weltweit mehr als 80% des Bierausstoßes nach dem untergärigen Brauverfahren nach Art der **Lagerbiere** gebraut werden, machen gerade diese Bierspezialitäten den Biermarkt so interessant. Wie der Boom der kleinen Hausbrauereien in den letzten Jahren belegt, suchen auch die Konsumenten verstärkt nach solchen Bierspezialitäten, welche zum Teil nach historischen Rezepturen gebraut werden, und nachdem diese Bierspezialitäten zumeist auch nicht transportiert werden müssen, da sie vor Ort in der angeschlossenen Gaststätte zum Verkauf kommen, werden sie großteils auch wieder mit den ursprünglichen obergärigen Hefen vergoren.

Für alle jene Leser, welche das Buch *Bierbrauen für jedermann* nicht oder noch nicht besitzen, wird in den ersten Kapiteln noch einmal ein kurzer Überblick über das Brauen zu Hause gegeben, mit den notwendigen Utensilien, den eingesetzten Rohstoffen, dem verwendeten Brauverfahren, den möglichen Fehlern und deren Ursachen. Für die Fortgeschrittenen, welche sich bereits mit dem Brauen zu Hause beschäftigen, wird vor allem der **Rezeptteil** von Interesse sein, in dem – nach Ländern gegliedert – Bierspezialitäten vorgestellt werden, die sich auch ohne große Mühen mit den Gerätschaften für den Heimbrauer herstellen lassen.

Ein umfangreicher Teil mit einem Bezugsquellenverzeichnis gibt Ihnen die Möglichkeit, sich in Ihrer Nähe oder über Postversand mit den notwendigen Rohstoffen – Malz, Hopfen und Brauhefen – zu versorgen. Wie uns Teilnehmer der bereits angesprochenen Bierbrauseminare immer wieder versichert haben, sind die Braumeister und Wirte der kleinen Gasthofbrauereien, aber auch die größeren Brauereien gerne bereit, kleinere Mengen an Malz, Hopfen und Hefe abzugeben und den Hobbybrauern mit Rat zur Seite zu stehen.

Im Unterschied zu **Amerika, England, Belgien** und **Holland,** wo viele Hobbybrauer in Vereinen organisiert sind und einander regelmäßig zu einem Gedankenaustausch und dabei zum Verkosten neuester Bierkreationen treffen, sind uns solche Zusammenschlüsse im deutschsprachigen Raum noch nicht bekannt; es würde uns aber freuen, würden durch die Lektüre unserer beiden Bücher auch in Deutschland, Österreich und der Schweiz solche Brauvereine – auch zur Hebung der Bierkultur – entstehen.

Wir wünschen Ihnen beim Brauen europäischer Bierspezialitäten und beim Verkosten von Bieren à la „*Guinness*", eines belgischen „*Trappistenbieres*" oder eines englischen „*Ale*", „*Bitter*", „*Stout*" oder „*Porter*" viel Erfolg!

GESCHICHTE DES BIERES

Bier ist aufs engste mit der Kulturgeschichte der Menschheit verbunden, denn erst als der Mensch seßhaft wurde und damit begann, Ackerbau an Stelle der Sammelwirtschaft zu betreiben, hatte er sich damit die Möglichkeit geschaffen, Getreidesorten wie **Emmer, Dinkel, Gerste, Weizen, Roggen** oder **Hafer** zu kultivieren. Der Überschuß dieser Getreidesorten, welcher nicht der Broterzeugung diente, konnte durch Vergärung in Bier – oder, besser gesagt – in ein bierähnliches Getränk verwandelt werden. Wer nun tatsächlich das Bier erfunden hat, läßt sich nicht mehr mit absoluter Sicherheit sagen, wahrscheinlich ist es in den verschiedenen Kulturen unabhängig voneinander mehrmals „erfunden" oder vielmehr **entwickelt** worden. Eine der plausibelsten Erklärungen, wie man herausgefunden hat, daß aus dem stärkehältigen Getreide ein leicht alkoholhältiges Getränk entsteht, ist folgende:
Brotreste waren in einen Behälter mit Wasser gelangt, das Brot löste sich in der Flüssigkeit auf, und die in der Luft vorkommenden „wilden Hefen" begannen dann, den ungeplanten Gärprozeß (spontane Gärung) einzuleiten. Sehr bald erkannte man, daß sich dieser Prozeß auch bewußt herbeiführen ließ, indem man Brot speziell für die Biererzeugung backte. Dadurch, daß man Brote als Zwischenprodukte (Bierbrote) herstellte, war es einerseits möglich, eine gewisse Vorratshaltung zu betreiben, andererseits ließen sich diese Brote auch als Tauschmittel einsetzen und problemloser transportieren als loses Getreide. Ein weiterer Vorteil von Brot ist, daß sich die Enzyme des Getreides, welche für die Umwandlung der Stärke in Zucker notwendig sind, bereits gebildet haben. Dieses durch wilde Gärung entstandene bierähnliche Getränk ist, auch wenn der dabei ablaufende biochemische Prozeß seit damals unverändert blieb, mit Bier, wie wir uns heute dieses erfrischende, mit Kohlensäure angereicherte, leicht alkoholische Getränk vorstellen, nicht zu vergleichen. Vielmehr waren diese ersten „Biere" trüb und enthielten Reste der festen Bestandteile der beim Brauen verwendeten Getreidesorten (Treber), hatten kaum einen Schaum und fast keine prickelnde Kohlensäure. Abbildungen biertrinkender **Sumerer** (ca. 3.000 v. Chr.) zeigen diese beim Biertrinken mit Trinkhalmen, damit sie die im Bier enthaltenen Treberreste nicht mitschlürfen mußten. Diese Form der Biererzeugung mit dem Umweg über vorgefertigte Brote hat sich bis heute im **russischen Kwaas** erhalten, bei dem Schwarzbrot in Wasser eingeweicht und anschließend mit Hefe vergoren wird (Rezept siehe Seite 148).
Wie Ausgrabungen und Aufzeichnungen aus **Mesopotamien** belegen, waren die **Sumerer, Assyrer** und **Babylonier** die ersten Biertrinker. Der altbabylonische **König Hammurapi** (1728–1686 v. Chr.) sah sich bereits veranlaßt, zum Schutz seiner Untertanen strenge Brau- und Ausschankregeln zu erlassen. Im Pariser Louvre kann man heute noch die in Keilschrift verfaßte und in Basalt gemeißelte Gesetzesstele bewundern, deren Paragraphen 108–121 die älteste überlieferte Schankordnung der Welt darstellen. Vordergründig ging es König Hammurapi dabei um den Schutz der Gesundheit seiner Völker und um die Verhinderung von Preistreiberei. Beim Bierausschank sollte das Verdünnen des Bieres, von dem man damals schon mehrere verschiedene

Sorten unterschied, unterbunden werden. Ein angenehmer – und für den König durchaus erwünschter Nebeneffekt – war die mit diesen Regeln verbundene gesetzliche Festlegung einer mengen- und stärkeabhängigen **Biersteuer.** Die Zeiten scheinen sich diesbezüglich nicht wesentlich gewandelt zu haben. Besonders rigoros waren in **Babylon** die Strafen für das Ausschenken minderwertigen Bieres. Wirte oder Brauer mußten sich so lange mit dem eigenen (!)Bier vollrinnen lassen, bis sie an diesem erstickten; **Bierpanscher** wurden überhaupt gleich in ihren eigenen Fässern ertränkt.

Die Biererzeugung war, wie man auch den Gesetzestexten König Hammurapis entnehmen kann, damals und auch bis ins Mittelalter ein **Domäne der Frauen,** und es wurden bereits mehrere Sorten Bier unterschiedlicher Stärke und Qualität gebraut. Ein **Braukessel** gehörte auch bei uns bis ins vorige Jahrhundert noch zur **Mitgift** einer Frau, damit darin das Bier am eigenen Herd gebraut werden konnte. Im Zweistromland war das Bier aber nicht nur Hauptgetränk und ein Grundnahrungsmittel, sondern diente darüber hinaus auch als **Tausch-** und **Zahlungsmittel,** ebenso als Maßeinheit für die **Entlohnung** von Arbeitern.

Von den Babyloniern übernahmen später die **Ägypter** die Kunst des Bierbrauens, welches in Form eines **Staatsmonopols** betrieben wurde. Jeder, vom Pharao abwärts über die Offiziere und Beamten bis hinunter zu den Sklaven, erhielt täglich, je nach Stand und sozialem Rang, eine genau festgelegte Menge an Bier und Brot. Auch den Verstorbenen wurde neben Speisen Bier ins Grab mitgegeben, als Wegzehrung für die lange Reise durch das Totenreich. Den Ägyptern waren bereits mehr als zwanzig verschiedene Biersorten bekannt, die sich in Zusammensetzung und Alkoholgehalt deutlich voneinander unterschieden. Mittels chemischer Analysen konnte man die Zusammensetzung und die verwendeten Getreidesorten dieser Biere in Tonkrügen aus Grabbeigaben analysieren, und es gibt Brauereien, die nach diesen Rezepten ein sogenanntes *Pharaonenbier* brauen.

Von den Ägyptern übernahmen anschließend **Griechen, Juden** und später auch die **Römer** das Wissen um die Kunst des Bierbrauens. War bei den Ägyptern Bier noch Grundnahrungsmittel mit entsprechender Wertschätzung, so wurde dieses in der Folge bei den Griechen und Römern vom Wein verdrängt, während Bier als **barbarisches Getränk** in Verruf geriet. Vor allem auch deshalb, weil **Kelten** und **Germanen,** die Feinde der Römer, Biertrinker waren, letztere aber dem Wein den Vorzug gaben. **Kaiser Julian** (361–363 n. Chr.) verstieg sich in einem Spottgedicht sogar zur Behauptung: „Wein duftet nach Nektar, Bier aber stinkt nach Bock". Sein Nachfolger **Kaiser Flavius Valens** hingegen trank sehr gerne Bier, er bevorzugte das „Sabaium", ein Bier, das aus dem Gebiet des heutigen Österreich stammte und nach Sabazios, dem phrygischen Gott des Ackerbaus, benannt war. Kelten und Germanen verwendeten als Bitterstoffe für ihre Biere damals nicht den ihnen bereits als Gemüse bekannten **Hopfen,** sondern die wesentlich bitterere **Eichenrinde** und diverse **Gewürzkräuter.**

Einen beträchtlichen Anteil an der Weiterentwicklung des Brauwesens in Mitteleuropa hatten im Mittelalter die **christlichen Mönche.** Irische Ordensleute brachten im Verlauf ihrer Missionstätigkeit auch das Wissen um die Kunst des Bierbrauens von **Irland** nach Mitteleuropa und gründeten in Ettal und St. Gallen in der Schweiz die ersten Klosterbrauereien, welche sich von dort sehr bald über den Kontinent ausbreiteten. Ein Hauptgrund für das rasche Anwachsen dieser Klosterbrauereien waren die ziemlich **strengen Fastengebote** der jeweiligen christlichen Orden. Die Mönche hatten nämlich sehr schnell erkannt, daß Bier nicht nur ein erfrischendes Getränk ist; wenn man es entsprechend kräftig genug einbraute, konnte es auch einen Teil des täglichen Kalorienbedarfes decken und damit die lange Fastenzeit leichter ertragen helfen. Tage-, ja manchmal auch wochenlang durfte damals keine feste Nahrung aufgenommen werden, nur das Trinken war erlaubt, ganz nach der kirchlichen Regel: *„Flüssiges bricht das Fasten nicht" (Liquida non frangunt ieiuneum)*. Aus dieser Zeit stammt auch der Begriff **„flüssiges Brot",** da das Bier damals auch noch nicht so klar war wie das uns heute bekannte Getränk, selbst wenn der Kaloriengehalt von Bier zumeist ziemlich überschätzt wird.

In diesen mittelalterlichen Klöstern entwickelte sich bald eine eigene **Bierkultur,** und das Klosterbier war zumeist von weit besserer Qualität als die weltlichen und privaten Biere der Umgebung. Das Trinken im Kloster unterlag aber auch strengen hierarchischen Abstufungen. Die Patres und der Abt erhielten ein würzigeres und auch wesentlich stärkeres Bier als die Novizen und der Konvent, die mit dem sogenannten **„Conventus",** einer Art Dünnbier, vorliebnehmen mußten. Dieser Begriff „Conventus" ist über Jahrhunderte als Schimpfwort für ein allzu dünn geratenes Bier erhalten geblieben. Wurde dieses Klosterbier zunächst an Reisende und Bedürftige – ähnlich den Klostersuppen – kostenlos ausgeschenkt, so erkannten die findigen Mönche sehr bald, daß mit dem Bierausschank auch eine **interessante Einnahmequelle** für das jeweilige Kloster erschlossen werden konnte. Aber nicht nur die Klöster, auch Kaiser, Könige und Fürsten zogen aus der Vergabe von Brauberechtigungen und der Besteuerung des Bierbrauens ebenfalls ihre Vorteile und nicht unwesentliche Einnahmen zur Finanzierung von Kriegen und ihres persönlichen Lebensaufwandes oder sicherten sich für spezielle Biere, wie beispielsweise das Weißbier in Bayern, exklusive Braurechte.

Klöster, denen das **Braurecht** zuerkannt worden war, konnten wie gewerbliche Brauereien wirtschaften, traten aber damit in Konkurrenz zu diesen weltlichen Braustätten. Allerdings hatten sie ihnen gegenüber aber bedeutende Wettbewerbsvorteile, verfügten sie doch einerseits über preiswertes Getreide aus Abgaben, Zehenten und dem Anbau von Braugerste auf klostereigenem Grund, andererseits standen ihnen nahezu kostenlos Arbeitskräfte in Person der Mönche und der Mitglieder des Konvents zur Verfügung. Auch waren sie von der Entrichtung von Steuern und Abgaben befreit und niemals von Brauverboten betroffen. Solche Verbote wurden von der Obrigkeit bei Mißernten und Ernteausfällen im Gefolge kriegerischer Handlungen erlassen, um das Getreide der überlebenswichtigen Broterzeugung zuzuführen.

Eine der wichtigsten Klosterbrauereien war und ist das **Kloster Weihenstephan** bei

Wie das Pier summer vñ winter auf dem Land sol geschenckt vnd prauen werden

Item Wir ordnen/setzen/vnnd wöllen/ mit Rathe vnnser Lanndtschafft/ das füran allennthalben in dem Fürstenthumb Bayrn/auff dem lande/ auch in vnsern Stettñ vñ Märckthen/da deßhalb hieuor kain sonndere ordnung ist / von Michaelis biß auff Georij/ ain maß oder kopffpiers über ainen pfenning Müncher werung/ vñ von sant Jorgen tag/biß auff Michaelis/ die maß über zwen pfenning derselben werung / vnd derenden der kopff ist / über drey haller/bey nachgesetzter Pene/nicht gegeben noch außgeschenckht sol werden. Wo auch ainer nit Mertzñ / sonder annder Pier prawen/oder sonst haben würde/sol Er d och das/kains wegs höher/dann die maß vmb ainen pfenning schencken/vnd verkauffen. Wir wöllen auch sonderlichen/ das füran allenthalben in vnsern Stettñ/Märckthen/vñ auff dem Lannde/zů kainem Pier/merer stückh / dañ allain Gersten/Hopffen/vñ wasser/genomen vñ geprauche sölle werdñ. Welher aber dise vnsere Ordnung wissentlich überfaren vnnd nit hallten wurde / dem sol von seiner gerichtßöbrigkait / dasselbig vas Pier/zůstraff vnnachläßlich/ so offt es geschicht/ genommen werden. Redoch wo ain Gäuwirt von ainem Pierprewen in vnnsern Stettñ/ Märckten/oder aufm lande/yezůzeitñ ainen Emer piers/ zwen oder drey/kauffen / vnd wider vnntter den gemaynnen Pawrsuolck außschenncken würde/ dem selben allain/ aber sonnst nyemandts/sol dye maß/ oder der kopffpiers/ vmb ainen haller höher dann oben gesetzt ist/ ze geben/ vñ/ außzeschencken erlaubt vnnd vnuerpotñ.

ÜBERTRAGUNG DES „DEUTSCHEN REINHEITSGEBOTES" VON 1516 IN DAS HEUTIGE DEUTSCH:

Damit verordnen, setzen fest und wollen wir mit dem Rat unserer Landschaft, dass künftig überall im Fürstentum Bayern, auf dem Land und in unseren Städten und Märkten, wo es keine besondere Verordnung hiefür gibt, (dass) von Michaeli bis Georgi eine Mass oder ein Kopf Bier für nicht mehr als einen Pfennig Münchner Währung und von Georgi bis Michaeli die Mass für nicht mehr als zwei Pfennig dieser Währung und der Kopf für nicht mehr als drei Heller bei unten angeführter Strafe hergegeben und ausgeschenkt werden soll. Wo immer einer kein Märzen, sondern ein anderes Bier braut oder sonstwie haben würde, soll er es keineswegs um mehr als einen Pfennig die Mass ausschenken und verkaufen. Insbesondere wollen wir, dass künftig überall in unseren Städten (und) Märkten und auf dem Land zum Bier nicht mehr Teile als Gerste, Hopfen und Wasser genommen und gebraucht werden sollen. Wer aber unsere Ordnung wissentlich übergeht und nicht hält, dem soll von seiner Gerichtsobrigkeit dieses Fass Bier zur Strafe, so oft dies geschieht, weggenommen werden. Wo aber ein Gauwirt von einem Bierbrauer in unseren Städten (und) Märkten und auf dem Land bisweilen einen Eimer Bier (oder) zwei oder drei kauft und (es) wieder unter dem gemeinen Bauernvolk ausschenken wollte, dem allein und sonst niemanden sollte es erlaubt und nicht verboten sein, die Mass oder den Kopf Bier um einen Heller teurer als es oben festgesetzt ist, abzugeben und auszuschenken.

München, das 1146 seine Brauberechtigung erhielt und damit als eine der ältesten, heute noch existierenden Brauereien der Welt gilt. Zur Zeit befindet sich dort die Fakultät für Brauwesen der Technischen Universität München – eine der weltweit wichtigsten Ausbildungsstätten für Brauer. Ab 1150 wußten die Mönche in Weihenstephan bereits um die Bedeutung des Hopfens für die Biererzeugung. Ihre Hopfenäcker lagen zum Teil im heutigen Österreich.

Die weltlichen Herrscher sahen sich zum Schutz der Gesundheit der Bevölkerung immer wieder veranlaßt, strenge **Brauverordnungen** gegen das Bierpanschen zu erlassen. Denn das, was man im Mittelalter als „Bier" trank, hatte mit dem, was wir heute darunter verstehen, so gut wie nichts gemeinsam. Als Grundzutaten wurden neben Gerste auch Weizen, Hafer, Hirse, Bohnen, Erbsen und andere stärkehaltige Körner verwendet, soweit sie sich vermälzen ließen. Hopfen wurde nachweisbar erst ab dem Spätmittelalter der Würze beigegeben, obwohl er bereits seit dem 8. Jahrhundert angebaut und zumeist als Gemüse, ähnlich den Spargelspitzen, verzehrt wurde. Absonderlichste Beigaben, wie Pech, Ochsengalle, Schlangenkraut, Eier, Ruß oder Kreide neben vielen Gewürzen und Heilkräutern aus den Klostergärten führten dazu, daß am 23. April 1516 der **Bayernherzog Wilhelm IV.** ein „Reinheitsgebot" erließ, das als **„Deutsches Reinheitsgebot"** noch heute im deutschen Biersteuergesetz enthalten ist. Es handelt sich aber nicht um die erste diesbezügliche Verordnung, vielmehr wurde etwa in Augsburg bereits hundert Jahre vor diesem Reinheitsgebot nach einer inhaltlich entsprechenden Verordnung gebraut. Seit 1918 gilt dieses „Deutsche Reinheitsgebot" für ganz Deutschland. Der Streit mit der EU bezüglich der Zulassung von Bieren in Deutschland (Verkehrsfähigkeit), die nicht nach diesen strengen Bestimmungen gebraut wurden, erschütterte vor einigen Jahren das Bierverständnis der Deutschen. Auch große Braukonzerne, die Biere für Deutschland brauen, gehen dabei für den deutschen Markt zumeist nach diesem Reinheitsgebot vor.

Das „Deutsche Reinheitsgebot" schreibt die ausschließliche Verwendung von **Wasser, Gerstenmalz** und **Hopfen** zur Biererzeugung vor. Der vierte Bestandteil, die **Bierhefe,** war zu jenem Zeitpunkt noch gar nicht bekannt. Hefezellen sind ja erst bei 800facher Vergrößerung unter dem Mikroskop zu erkennen; man wußte daher noch nichts um die Bedeutung dieser Kleinstlebewesen für die Biererzeugung. Die Gärung des Bieres erfolgte im Mittelalter daher weitgehend durch die in der Raumluft enthaltenen „wilden" Hefen. Daß es dabei zu Fehlgärungen und Geschmacksbeeinträchtigungen kam, kann man sich unschwer vorstellen. Trotz allem war Bier damals aber das mit Abstand hygienischste und damit für den Konsumenten auch bekömmlichste und gesündeste Getränk. Wasser und Milch waren durch mangelnde bzw. völlig fehlende sanitäre Einrichtungen mit Keimen und Bakterien belastet und verunreinigt, hingegen wurde die Würze des Bieres zumindest einmal mit dem Hopfen gekocht und damit sterilisiert. Daß die Inhaltsstoffe des Hopfens antiseptisch wirken, wußte man zu jener Zeit ebenfalls noch nicht; Ärzte, wie beispielsweise **Paracelsus,** ahnten aber bereits diese Zusammenhänge.

14

Das angesprochene „Deutsche Reinheitsgebot" wird heute von findigen Marketing-leuten als Werbeargument verwendet, um auf die Besonderheit und Tradition ihres Bieres hinzuweisen.

Anton Dreher (1810–1863)

Wesentlich für den Übergang des Brauwesens vom hauswirtschaftlichen Klein- zum industriellen Großbetrieb war die Entwicklung des *„Lagerbieres nach Wiener Art"* durch den Brauer **Anton Dreher** 1841 in **Kleinschwechat bei Wien.** Dieses helle, untergärige Bier trat rasch seinen Siegeszug von Schwechat aus um die Welt an, wenn auch an der Weiterentwicklung Braumeister aus **Pilsen** und **München** maßgeblich beteiligt waren. Österreich kann daher mit Recht behaupten, an der Wiege der modernen Braukunst gestanden zu sein. Das kleine Land ist auch heute noch einer der größten Bierexpor-teure Mitteleuropas.

Mit dieser Revolution in der Bierherstellung und dem Einsatz von elektrischen Kühl-anlagen durch die Erfindung des Deutschen **Carl von Linde** war es nunmehr möglich

Erste Lindesche Kältemaschine (Technisches Museum, Wien)

Im Eiskeller (s. S. 42)

geworden, unabhängig von äußeren Witterungseinflüssen haltbare und vor allem auch über längere Strecken transportierbare Biere herzustellen. Aber auch neue Transportmittel, wie Eisenbahn, Dampfschiff und Lastkraftwagen, förderten und begünstigten die Entwicklung und Verbreitung des neuen Biertyps. Ganz wichtig für den Durchbruch dieser neuen untergärigen Biere war aber auch die Reinzucht der untergärigen Hefen in eigenen **Reinzuchtlabors.** Große Brauereien verwenden heute für ihre Biere eigene Hefestämme, die in betriebseigenen Labors vermehrt werden. Heutzutage werden weltweit rund 80% des Bierausstoßes nach diesem angesprochenen untergärigen Brauverfahren erzeugt. Die größten Brauereien der Welt befinden sich aber nicht mehr in Europa, sondern in den USA und Australien.

Ein weiterer wichtiger Schritt hin zu einer neuen Bierkultur war zu Ende des vorigen Jahrhunderts die Entwicklung der **Glasflaschen,** zuerst mit dem **Bügelverschluß** mit Porzellanverschluß und, im Anschluß daran, die **Kronenkorkenverschlüsse** mit den Zacken, wie sie auch heute noch verwendet werden. Damit war es erstmals möglich, Bier nicht nur in den Schenken oder das zu Hause gebraute zu trinken; Bier konnte jetzt auch auf Vorrat eingekauft und in den eigenen vier Wänden genossen werden. Heute werden in Europa für Flaschenbiere zumeist die genormten **Euromehrwegflaschen** verwendet, welche umweltgerecht mehrmals befüllt werden können. Für individuelle Biere werden aber verstärkt eigene Flaschen entwickelt, ebenso wie Designer eigene Gläser für die verschiedenen Biertypen entwerfen. In letzter Zeit haben sich für Biere zunehmend die sogenannten **NRW-Flaschen** durchgesetzt, welche etwas höher, aber schlanker sind und nach Angabe der Hersteller weniger Luft im Flaschenhals haben, wodurch eine geringere Gefahr von Infektionen besteht und die Biere damit noch länger haltbar werden.

Diese Neuerungen hatten aber auch entscheidende Nachteile, kam es doch dadurch recht bald zu **Konzentrationen im Brauwesen,** und beinahe alle lokalen Gasthausbrauereien verschwanden oder wurden von internationalen Braugiganten übernommen, welche aber mehr oder weniger uniforme, immer gleich schmeckende, zumeist untergärige Biere erzeugten. Einzig in **Bayern** – und hier vor allem in Franken – konnten viele kleine Brauereien, die nur wenige Gaststätten belieferten, überleben. Spät – beinahe zu spät für viele dieser traditionellen kleinen Brauereien – begann Ende der achtziger, Anfang der neunziger Jahre unseres Jahrhunderts eine Gegenbewegung einzusetzen, und es entstanden wieder kleine **Wirtshausbrauereien.** Verlorengegangene und vergessene Bierspezialitäten wurden wieder nach alten Rezepten gebraut und von den Bierliebhabern auch sofort begeistert angenommen.

Parallel dazu entwickelte sich auch die entsprechende Bierkultur. War es vor einiger Zeit noch gänzlich unmöglich oder beinahe undenkbar, in der gehobenen Gastronomie zu einem Essen ein Bier zu bestellen, führen heute Restaurants analog den Weinkarten auch eine **umfangreiche Bierkarte** zur Auswahl zu den jeweiligen Speisen, und ein gepflegtes **„Pils" als Aperitif** wird heute selbstverständlich neben allen anderen Aperitifs angeboten.

Sondermarke der Deutschen Bundespost: 450 Jahre
deutsches Reinheitsgebot für Bier

Heute nur mehr ein seltener Anblick: Biertransport durch ein Pferdegespann

Eine dekorative Hausbrauerei

Die heutzutage international agierenden großen Braukonzerne sind immer auf der Suche nach neuen **Bierkreationen,** die den einigermaßen gesättigten Massenmarkt in Europa durch neue Biere beleben und sich damit von der Konkurrenz abheben wollen. Begonnen hat dieser Prozeß vor einigen Jahren mit den Mischbieren, wie **Radler** aus Bier und Zitronenlimonade und ähnlichen, die bereits fertig in Flaschen abgefüllt wurden. Einige Zeit sprach man auch durch die in Lizenz gebrauten oder direkt aus Mexiko importierten **Maisbiere,** die aus der Flasche mit einer Limettenspalte getrunken wurden, ein neues, meist vor allem jugendliches Publikum an. Neuerdings liegen sogenannte *„Eisbiere"* voll im Trend, welche fast gefroren und wiederum nur aus der Flasche getrunken werden. Diese ständige Suche nach neuen Bierkreationen treibt dann so skurrile Blüten wie die Beigabe von **Hanf** an Stelle von Hopfen – mehr oder weniger als Haschischersatz –, wie es eine Schweizer Brauerei seit kurzem braut und damit ein jugendliches Zielpublikum ansprechen möchte. Die meisten Neuentwicklungen und das Experimentieren mit neuen Geschmacksnuancen sind aber gewiß Domänen der **USA** und **Kanadas,** wo für mitteleuropäische Begriffe undenkbare **Gewürzzutaten** und Ersatzstoffe beim Brauen zu Hause wie auch in den kleineren Brauereien verwendet werden.

DIE ROHSTOFFE BEI DER BIERERZEUGUNG

Bier ist ein aus **Wasser, Hopfen** und **Malz** hergestelltes und durch **Hefe** vergorenes kohlensäurehältiges, leicht **alkoholisches Getränk.** Es überrascht, welche Sortenvielfalt sich nur durch leichte Variationen bei diesen Zutaten herstellen läßt. In Mitteleuropa hat sich an den erlaubten Zutaten, auch bedingt durch den Einfluß des „Deutschen Reinheitsgebotes", wenig geändert; in anderen Ländern, vor allem in Übersee, haben sich auch andere Zutaten bei der Biererzeugung als zulässig herausgestellt und durchgesetzt. Aus Kostengründen wird zum Teil das **teure Malz** durch wesentlich billigere, stärkehaltige Zerealien ersetzt – es sind dies vor allem **Reis, Weizen** und **Mais** –, welche in der Form von **Rohfruchtbeigabe** zugesetzt werden. Die Enzyme des Gerstenmalzes spalten dann diese stärkehaltigen Getreidesorten beim Brauvorgang auf. Viele Spezialitätenbiere, vor allem in **Belgien, Frankreich** und den **Niederlanden,** verwenden neben ungemälztem Weizen (Rohfrucht) auch Früchte als Zugabe zur - Biererzeugung, hier vor allem **Kirschen, Himbeeren** und ähnliche Obstsorten. Verpönt sind aber bei der Biererzeugung in Europa alle chemischen Zusätze zur Stabilisierung des Schaumes oder chemische Konservierungsmittel. Für das Brauen zu Hause sind alle diese chemischen und damit künstlichen Beigaben weder notwendig noch anzuraten.

Gerade aus dem Heimbraubereich in **Großbritannien** kommen immer wieder Fertigmischungen, zumeist in dehydrierter (entwässerter) Form, die zu Hause nur durch die Beigabe von Wasser zum Vergären gebracht werden und ein **„bierähnliches" Getränk** erzeugen. Gerade dieses Buch macht es sich zur Aufgabe, weg von diesen *„Instantgetränken"* zu Selbstgebrautem aus Hopfen, Wasser und Malz hinzukommen. Diese Fertigmischungen werden als **„Bier Kits"** angeboten, wobei es hier wieder zwischen fertigen Mischungen, welche bereits auch den Hopfen enthalten, und Halbfertigprodukten, die nur flüssiges Malz enthalten, zu unterscheiden gilt. Um eine ordentliche Vergärung sicherzustellen, ist darüber hinaus auch meist eine nicht unbeträchtliche Menge Zucker notwendig.

Selbstverständlich gibt es auch Spezialbiere, die gerade von ausgefallenen Spezialzutaten leben, wie beispielsweise die *Trappistenbiere* in **Belgien** und **Holland,** welche in der Flasche mit **Kandiszucker** nachvergoren werden, oder das *Gueuze,* das – ähnlich wie Champagner – aus verschieden alten Biersorten verschnitten und auch in einer champagnerähnlichen Flasche, mit einem Korken verschlossen, abgefüllt wird.

Vor Augen halten sollte man sich beim Brauen zu Hause aber immer, daß das Bierbrauen angewandte Biotechnologie ist. Dabei gilt als oberster Grundsatz, aus natürlichen Rohstoffen, unter Ausnützung der natürlichen Vorgänge, ein naturbelassenes Getränk ohne chemische Belastungen herzustellen! Gerade in den Mengen, wie Sie zu Hause Bier produzieren, kommt es selbstverständlich immer wieder zu Abweichungen im Geschmack, abhängig von den eingesetzten Rohstoffen. Daher wird es Ihnen kaum gelingen, mehrmals hintereinander dasselbe Bier herzustellen, aber gerade diese **Sortenvielfalt** und die individuellen Abweichungen im Geschmack machen das Bierbrauen zu Hause so interessant und spannend. Wie bei allen Tätigkeiten, macht auch beim Bierbrauen Übung den Meister. Lassen Sie sich daher von Mißerfolgen nicht abhalten, immer wieder neue Brauversuche zu starten. Damit Sie aus Ihren Erfahrungen auch die richtigen Erkenntnisse für die Zukunft ziehen können, empfehlen wir Ihnen unbedingt, Aufzeichnungen in Form eines **Brauprotokolles** zu führen (das Muster eines solchen Brauprotokolles finden Sie auf Seite 97).

WASSER

Der wichtigste Rohstoff zur Bierbereitung ist **Wasser;** immerhin besteht das Endprodukt „Bier" beinahe zu 93% daraus. Die Güte des Bieres hängt vorwiegend von der **Qualität** und der Zusammensetzung des Brauwassers ab. Es ist daher auch kein Zufall, daß es früher – trotz Unkenntnis dieses Sachverhaltes und ohne aufwendige chemische Analysen des Wassers – in manchen Gegenden besonders gute Biere gab und auch heute noch gibt. So etwa das weltbekannte Original *„Pilsner"* in **Pilsen,** dessen guter Ruf fast ausschließlich auf die hervorragende, weil weiche Qualität des **böhmischen Brauwassers** zurückzuführen ist.

Heute kann man mit Hilfe modernster chemischer Analysen die Zusammensetzung des Brauwassers exakt bestimmen und mit den verschiedensten **physikalischen** und **chemischen** Verfahren Wasser für Brauzwecke vor dem Brauen **aufbereiten,** denn nur dort, wo es geeignetes Wasser in ausreichender Menge gibt, kann gutes Bier gebraut werden. Die Brauereien wissen um die Bedeutung des Brauwassers für die Biererzeugung und scheuen daher auch keine Kosten und Mühen, um es für ihre Brauzwecke aufzubereiten. Mittels Filter, Wasserenthärtungsanlagen, Gips, gelöschtem und ungelöschtem Kalk sowie Phosphatausscheidern (Ionentauschern) wird das Wasser in den Brauereien vor dem Brauen auf die für das jeweilige Bier notwendige Härte aufbereitet. Brauwasser sollte **möglichst weich** – nicht über 10 deutsche Härtegrade – sein, möglichst frei von Nitraten, Magnesium, Schwefel und anderen, vor allem organischen Verunreinigungen. Andererseits werden gewisse Spezialbiere, wie beispielsweise Münchner Biere, mit hartem Wasser gebraut, welches dann auch den individuellen Geschmack dieses Bieres ergibt.

Der Härtegrad des Brauwassers bezeichnet dessen Gehalt an verschiedensten **Salzen, Mineralstoffen** und **Spurenelementen,** die völlig natürlich aus dem Boden gelöst werden. Die Gesamthärte des Wassers setzt sich aus der **Karbon-** und der **Nichtkarbonhärte** zusammen. Für das Bierbrauen zu Hause ist vor allem die Karbonhärte entscheidend, weniger die Nichtkarbonhärte, da etwa die Hopfengabe sehr stark vom Härtegrad des Wassers abhängig ist. Hartes Brauwasser benötigt wesentlich weniger Hopfen, da das Bier sonst stark bitter wird und dann unangenehm aufdringlich nach Hopfen schmeckt. Pilsbiere, die mit extrem weichem Wasser gebraut werden, vertragen hingegen wesentlich größere Hopfengaben, ohne daß die Bitterstoffe des Hopfens aufdringlich werden. Auch dunkle Biere werden vorwiegend aus härterem Brauwasser gebraut und weniger gehopft als helle. Die Eigenschaften des Brauwassers sind für den individuellen Geschmack des Bieres mitverantwortlich und nicht zuletzt auch für die jeweilige Bierqualität bestimmend. Bei hartem Wasser verbinden sich die Wassersalze beim Brauen mit den löslichen Stoffen des Malzes sowie des Hopfens und beeinflussen die Arbeit der Enzyme des Malzes negativ. Hartes Wasser führt – bei gleichen Rohstoffen – zu eher dunklen Bieren, weiches Brauwasser tendenziell zu helleren Bieren. Zudem ergibt hartes Brauwasser je Sud eine wesentlich geringere Ausbeute, daher enthärten Brauereien ihr Brauwasser heute zumeist auf einen Wert von 2 bis 5 deutsche Härtegrade, um im beinharten Konkurrenzwettbewerb bestehen zu können. Sollte Ihr Brauwasser für jene Biersorten, die Sie brauen wollen, zu hart sein, so haben Sie einige Möglichkeiten, dieses Brauwasser aufzubereiten. Da, wie bereits erwähnt, sich vor allem die Karbonhärte negativ auf die Brauergebnisse auswirkt, besteht die Möglichkeit, das **Brauwasser** vor dem Brauen durch **Kochen** aufzubereiten. Der Kalk fällt nach einiger Zeit im Wasser aus und lagert sich als **Bodensatz** im Kochgefäß ab. Unerwünscht ist dieser Kalk – oder Kesselstein – auch beim Kochen in der Küche. Mittels eines Schlauches ziehen Sie später das erkaltete Brauwasser nach einiger Zeit vorsichtig aus dem Kessel ab, ohne dabei den Bodensatz mitzureißen. Unter Berücksichtigung von Verdunstung und Schwund benötigen Sie für rund 20 l Bier 25–30 l Brauwasser, und um dieses durch Kochen aufzubereiten, ist ein beträchtlicher Energieaufwand notwendig.

Eine andere einfache Form der Aufbereitung des Brauwassers ist – so dieses mehr als 10° Härte aufweist – die Beigabe von gewöhnlichem **Gips**. Dabei benötigen Sie für 10 l Brauwasser rund 1 TL (Teelöffel) Gips, der aufgelöst und dem Brauwasser unter Rühren beigegeben wird. Anschließend wird es wieder vorsichtig mit einem Schlauch abgezogen, so daß der Bodensatz im Gefäß verbleibt. Ferner besteht auch die Möglichkeit, das Brauwasser durch Beigabe von **gelöschtem** oder **ungelöschtem Kalk** in oben beschriebener Form aufzubereiten.

Für das Brauen zu Hause sollte das Aufbereiten des Brauwassers nur die **letzte Alternative** sein; besser ist es, mit dem zur Verfügung stehenden Brauwasser auszukommen und zu versuchen, Biere mit diesen Härtegraden zu brauen. Es gibt ja auch Biere, die mit extrem hartem Brauwasser erzeugt werden.

In Spezialgeschäften sind auch sogenannte **Ionentauscher** erhältlich, die mit verschiedensten Füllungen dazu verwendet werden, stark belastetes Trinkwasser für menschliche Genüsse aufzubereiten.

Der **ph-Wert** (Säurewert) des Brauwassers sollte nicht über 5 liegen, da bei höheren Werten die Enzyme des Malzes den Stärke- und Eiweißabbau nicht so stark vollziehen wie bei entsprechend niederen ph-Werten. Dieser ph-Wert beeinflußt die Tätigkeit der Enzyme und damit auch die Ausbeute des Sudes entscheidend. Bei höheren Werten ist es für den Hobby-Bierbrauer am einfachsten, den ph-Wert des Brauwassers durch **bio-**

logische Säuerung, beispielsweise mit lebensmittelechter Milchsäure, auf den gewünschten niedrigen ph-Wert zu bringen. Andererseits ist aber von einer allzugroßen Behandlung des Brauwassers beim Brauen zu Hause abzuraten, da dies einen Eingriff in einen natürlichen Rohstoff bedeutet, der den größten Anteil am Endprodukt – dem fertigen Bier – hat. Aus ökonomischer Sicht besitzt eine kleine Verbesserung der Sudausbeute für Sie nicht jene Bedeutung wie bei einer großen Brauerei, die im Wettbewerb mit anderen Brauereien steht und daher alle Wettbewerbsvorteile voll nutzen muß.

Den Härtegrad Ihres Wassers können Sie über Ihr lokales Wasserwerk erfragen, wo man Ihnen auch den ph-Wert des Wassers bekanntgeben wird. Selbst prüfen können Sie den ph-Wert mit einem im Fachhandel erhältlichen **ph-Indikatorpapier** zur Bestimmung des Säuregrades von Flüssigkeiten. Dazu halten Sie ein Teststreifchen in das von Ihnen ausgewählte Brauwasser und vergleichen anschließend dessen Farbe mit dem Farbton an der Schachtel (siehe Abbildung Seite 26). Sollte Ihr lokales Wasser für Brauzwecke zusehr verunreinigt sein, können Sie auch **Tafel-** oder **Mineralwasser** (ohne Kohlensäure) für das Brauen zu Hause verwenden, was freilich die Kosten Ihres Bieres nach oben treiben wird.

Zum Brauen – sowohl zu Hause als auch in den Brauereien – wird aber Wasser nicht nur als Rohstoff der Biererzeugung eingesetzt; eine mehrfache Menge davon wird für **Kühl-** und vor allem für **Reinigungszwecke** verwendet, zumal **Hygiene** bei der Biererzeugung oberstes Gebot ist und dazu hygienisch einwandfreies Wasser benötigt wird.

Die Brauereien wissen um die Bedeutung von optimalem Brauwasser; sie scheuen auch keine Mühen und Kosten, um diesen so wichtigen Rohstoff immer in ausreichenden und qualitativ gleichbleibenden Mengen zur Verfügung zu haben.

HOPFEN

Hopfen ist ein dem Hanf verwandtes Kletter- bzw. Schlinggewächs, das als Feldfrucht in **Hopfengärten** angebaut wird. Er schlingt sich dabei entlang von Hopfenstangen oder -drähten bis zu acht Meter in die Höhe. In der Wachstumsphase wächst Hopfen rund 15 Zentimeter pro Tag. Hopfen kommt in wilder Form auch an Bachrändern, im Wald und in Hecken vor, wo er als Schmarotzerpflanze Bäume und Sträucher als Wirtspflanzen benützt. Für die Biererzeugung werden vorwiegend die **unbefruchteten weiblichen Dolden** des Hopfens verwendet; einige englische Biere werden aber auch mit den männlichen Dolden gebraut (nähere Informationen dazu erhalten Sie bei der Beschreibung dieser Spezialbiere). Die Inhaltsstoffe des Hopfens, die sogenannten **Lupulin-Körner,** enthalten bitter schmeckende Stoffe, die dem Bier seine charakteristische Würze und Herbheit verleihen.

Der Anteil des Hopfens am fertigen Bier ist, abhängig von der jeweiligen Biersorte, mit rund 200–500 Gramm pro Hektoliter zwar relativ gering, doch ohne diesen charakteristischen Bitterton des Hopfens würde Bier, wie wir uns dieses erfrischende Getränk heute vorstellen, nicht nach Bier schmecken. Bereits die Babylonier und Ägypter bedienten sich des Hopfens bei ihrer Biererzeugung; die Germanen jedoch zunächst, wie erwähnt, der wesentlich bittereren Eichenrinde, obwohl ihnen Hopfen als Kulturpflanze durchaus bekannt war und dessen Spitzen, ähnlich dem Spargel, als Gemüse gegessen wurden – eine Tradition, welche sich in Belgien bis auf den heutigen Tag erhalten hat. Wurde der Hopfen früher vorwiegend dazu verwendet, das **Bier haltbar** zu machen, ohne daß man wußte, daß die Inhaltsstoffe des Hopfens **antibakteriell** wirken, so wird er heute überwiegend seines edlen, herben Geschmackes wegen bei der Biererzeugung eingesetzt. Besonders wichtig ist aber eine Eigenschaft des Hopfens, welche beim Brauen genutzt wird: die Unterstützung der **Eiweißabscheidung** beim Kochen der Würze. Durch das Kochen fallen die Eiweißbestandteile der Würze aus und werden als Heißtrub und später, nach dem Abkühlen, als Kalttrub aus der Würze gefiltert oder in einem Whirlpool abgepumpt.

Grundsätzlich unterscheidet man bei der Bierproduktion zwei verschiedene Sorten von Hopfen, den **Bitterhopfen** sowie den hochwertigen und auch wesentlich teureren **Aromahopfen,** wie er vor allem in den heute meist gebrauten untergärigen Biersorten nach *Pilsner Art* Verwendung findet.

Ganze Regionen sind heute durch den Hopfenanbau geprägt, wie etwa in **Bayern** die **Hallertau, Spalt** und das Gebiet um **Tettnang,** oder das **tschechische Saaz** mit seinem weltberühmten Aromahopfen für die Pilsner Biere. Der weltgrößte Produzent dieses für die Biererzeugung so notwendigen Agrarproduktes ist Bayern, wo ein großer Teil der Weltproduktion angebaut wird.

Der Hopfen bewirkt bei der Biererzeugung eine bessere **Eiweißausscheidung,** und durch dessen Beigabe kommt es beim fertigen Bier zu weniger physikalisch bedingten Trübungen. Er beeinflußt darüber hinaus positiv die Konsistenz des **Bierschaumes,** und wegen seiner stabilisierenden Wirkung wird das Bier länger haltbar. Sämtliche Wirk- und Inhaltsstoffe des Hopfens wurden bisher noch gar nicht restlos analysiert und erforscht.

Zum Brauen wird Hopfen in unterschiedlichsten Formen angeboten; von der getrockneten Hopfendolde **(Naturhopfen), Hopfenpulver** in Dosen oder in sogenannten **Pellets** (gepreßte kleine, etwa zigarettendicke Stangen) bis hin zum **flüssigen Hopfenextrakt.** Welche dieser Verarbeitungsformen zur Biererzeugung herangezogen werden, ist nicht so entscheidend, wichtiger ist die **Qualität des Naturhopfens,** aus dem das jeweilige Fertigprodukt hergestellt wurde. Gerade hier gibt es starke sorten- und auch jahrgangstypische Unterschiede hinsichtlich des Aromas und der Bitterstoffe. Die **ätherischen Öle** des Hopfens sind hochflüchtig, daher ist eine optimale Lagerung dieses Agrarproduktes bei entsprechend niedriger Temperatur (im Kühlschrank) und Luftfeuchtigkeit besonders wichtig. Hopfen verliert bei unsachgemäßer Lagerung bis

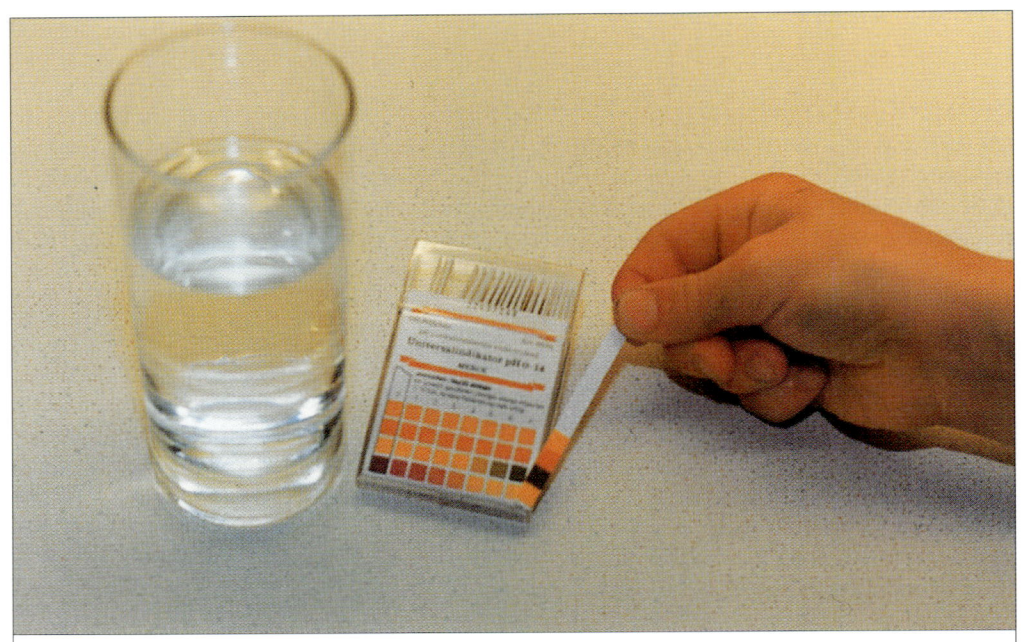

Testen des Brauwassers mittels pH-Indikatorstreifens

Hopfen: Naturhopfen, Pellets in verschiedenen Größen

zu 35% seines Brauwertes innerhalb eines einzigen Jahres, da seine feinen Aromastoffe verlorengehen.

Wie gesagt, hat die Form der Hopfenzugabe im Brauvorgang weniger Einfluß auf die Qualität des Bieres, sehr wohl aber gibt es Qualitätsunterschiede je nach Anbaugebiet und Hopfensorten. **Vorsicht daher bei der Hopfenbeigabe zur Würze!** Gerade die richtige Dosierung des Hopfens erfordert sehr viel Fingerspitzengefühl und vor allem Erfahrung. Als Grundregel gilt: je mehr Hopfen, desto herber, bitterer wird das Bier; je weniger Hopfen, desto milder, malziger schmeckt es. Auch hier gilt wieder: *„Probieren geht über Studieren"*! Ihr Hopfenlieferant gibt Ihnen sicherlich eine Produktbeschreibung mit, oder ein Braumeister erteilt Ihnen Auskunft über Qualität und, vor allem, Intensität des verwendeten Hopfens. So etwa sind die getrockneten und gepreßten Hopfenpellets und das Hopfenpulver als Konzentrat wesentlich intensiver als der getrocknete Naturhopfen in Doldenform. Im angeschlossenen Rezeptteil gehen wir immer von Hopfenpellets aus, da sich diese wesentlich leichter dosieren und wiegen lassen als getrockneter Naturhopfen. Außerdem sind Hopfenpellets auch **vakuumverpackt** in kleineren Mengen erhältlich und damit zu Hause leichter lagerfähig. Sie bilden beim Filtern auch weniger Rückstände und erleichtern dadurch den Filtervorgang, wohingegen getrocknete Hopfenblätter das Gewebe des Filters beim Würzefiltern leichter verstopfen können.

Für die Biere nach *„Pilsner Art"* mit ihrer ausgeprägten herbbitteren Geschmacksnote wird, wie erwähnt, vorwiegend hochwertigster Aromahopfen verwendet, zu anderen Bieren mit eher malzigem Charakter werden auch verschiedene andere Sorten herangezogen. Der jeweilige Braumeister verwendet aber auch Mischungen aus verschiedenen Hopfensorten, um seine eigene Biernote zu brauen. Aber auch die Qualität – und hier vor allem wieder die Härte des Brauwassers – beeinflußt die jeweilige Hopfenmenge und -auswahl. Kalkhältiges, hartes Wasser etwa verstärkt die Bitterstoffe des Hopfens, der Brauer benötigt beim Brauen daher geringere Mengen. Dabei besteht die Gefahr, daß das Bier dann nicht „rund" schmeckt und die erwünschte Herbheit des Hopfens aufdringlich wird. Auch wird der Hopfen beim Kochen der Würze nicht auf einmal beigegeben, vielmehr verteilt sich die sogenannte **Hopfengabe** auf bis zu fünf Dosierungen, wobei die hochwertigsten und teuersten Hopfensorten erst am Ende des Kochprozesses der Würze beigefügt werden.

Daß die entsprechende Qualität auch ihren Preis hat, braucht eigentlich nicht extra erwähnt zu werden. Auch wenn im fertigen Produkt nur rund 20% der Hopfenbitterstoffe verbleiben, wäre es falsch, hier bei der Qualität zu sparen. Die Inhaltsstoffe des Hopfens sind, wie gesagt, nicht nur für den Geschmack verantwortlich, sondern wirken sich auch auf die Haltbarkeit des Bierschaumes positiv aus. Die Hopfenöle verleihen dem Bier sein Aroma, und die Gerbstoffe wirken sich auf Haltbarkeit und Lagerfähigkeit des fertigen Bieres positiv aus. Auch die **antiseptische Wirkung** der Lupulin- (Bitterstoffe) Körner, die im Bier die **Vermehrung von Milchsäurebakterien verhindert,** ist für die Biererzeugung nicht unwesentlich. Bei gewissen Sorten, wie zum

Beispiel *„Berliner Weiße"* und belgischen Spezialbieren, werden Spezialkulturen von Milchsäurebakterien hingegen bewußt als Bereicherung der Geschmacksvielfalt eingesetzt, die normalerweise von den Brauern seit Jahrtausenden gefürchtet werden, da unerwünschte Milchsäurebakterien das Bier sauer und damit ungenießbar werden lassen.

Hopfen ist ein besonders heikles Agrarprodukt: Wird er zu warm oder nicht luftdicht gelagert, verliert er innerhalb eines Jahres bis zu 35% seines Brauwertes, da seine flüchtigen, feinen Aromen bei unsachgemäßer Lagerung verlorengehen. Der beste Platz, um den Hopfen für das Brauen zu Hause zu lagern, ist das Gemüseabteil im Kühlschrank.

BRAUMALZ

Der zweite, nach dem Wasser von der Menge her wichtigste Rohstoff ist das **Braumalz,** welches überwiegend aus zweizeiliger Sommergerste **(Braugerste)** erzeugt wird. Diese Braugerste unterscheidet sich von der Futtergerste dadurch, daß sie mehr Stärke enthält, die durch die im Braumalz enthaltenen Enzyme in **Maltose** (Malzzucker) umgewandelt wird. Futtergerste hingegen weist weniger Stärke, aber mehr Eiweiß auf und eignet sich daher besser für die Ernährung von Tieren. Für gewisse Spezialbiere werden aber auch **unvermälzte Braugerste** oder **Weizen** als sogenannte Rohfruchtbeigabe verwendet.

Die Braugerste wird durch den Prozeß des Vermälzens zu Malz verarbeitet; dabei wird sie durch Hinzufügen von Wasser zum Keimen gebracht und dann bei hoher Temperatur **gedarrt** (getrocknet). Wenn in diesem Buch von Malz gesprochen wird, ist grundsätzlich Gerstenmalz gemeint. Viele Spezialbiere, vor allem jene, welche nicht der Tradition des „Deutschen Reinheitsgebotes" unterliegen, verwenden aber auch andere Malzsorten, wie **Weizenmalz, Roggenmalz, Dinkel** und ähnliche Getreidesorten (zum Teil vermälzt oder auch ungemälzt in Form einer **Rohfruchtbeigabe**).

Aus ökonomischen Gründen werden aber auch andere, vor allem **billigere Substitute,** wie etwa **Reis** oder **Mais,** zum Gerstenmalz gegeben, wobei die Enzyme des Gerstenmalzes eine Aufspaltung dieser **Rohfrucht** in Zucker besorgen.

Maltose und **Dextrine** sind jene Bestandteile des Malzes, die sich aus der im Malz vorhandenen Stärke bilden, dann im Endprodukt Bier wiederfinden und denen die sprichwörtliche Nahrhaftigkeit des Bieres nachgesagt wird, wie bereits die **hl. Hildegard von Bingen** im Mittelalter wußte. Übrigens wird die Nahrhaftigkeit des Bieres meistens ziemlich überschätzt, vielmehr wird durch die appetitanregende Wirkung von Bier mehr feste Nahrung aufgenommen, was in der Folge zur Gewichtszunahme („Bierbauch") führt. Bier an sich ist keine „Kalorienbombe" oder „flüssiges Brot".

Der Stärkeabbau des Malzes wird durch zwei verschiedene Enzyme ermöglicht:

Alphaamylase und **Betaamylase,** die bei verschiedenen Temperaturen arbeiten. **Enzyme** sind Biokatalysatoren, die in lebenden Zellen erzeugt werden und biochemische Prozesse auslösen oder beschleunigen, wobei sie selbst unverändert bleiben. Man kann also vereinfacht sagen, daß Bier aus **vergorenem Zuckerwasser** entsteht, wobei der biochemisch ablaufende Prozeß seit Jahrtausenden derselbe geblieben ist.

In gut gemälztem Malz sind viele Enzyme enthalten, die bei verschiedenen Temperaturen im Brauvorgang aktiv werden und dann die Stärke der Braugerste in Zucker umwandeln. Gutes Braumalz enthält zwischen 60–80% Stärke, neben wichtigen mineralischen Spurenelementen – wie **Phosphaten, Kieselsäure, Kalium, Eisen** und **Schwefel** –, die dann als wesentliche Inhaltsstoffe auch im fertigen Bier zu finden sind.

Weltweit wird aus mehr als **dreihundert verschiedenen Braugerstensorten** Malz für das Bierbrauen erzeugt. Es ist verblüffend, welche **Geschmacksvielfalt** sich durch Variationen dieser Braugerstensorten, die zum Teil von eigenen Vertragsbauern für die Brauereien angebaut werden, erzielt werden kann. Für das Brauen zu Hause können Sie mittlerweile im einschlägigen Fachhandel aus einer Vielzahl verschiedener Sorten wählen. Darüber hinaus gibt es für Spezialbiere, vor allem englische und amerikanische Biere, bereits fix und fertig gemischte Malzsorten. Auch heute noch werden die Braumalze von den Brauern zumeist nach den Ursprungsorten der Biere bezeichnet. So ist etwa ein Malz nach „**Wiener Art"** eher für helle Biere geeignet, wohingegen ein „**Münchner Malz"** eher dunklere Biere bei gleicher Menge Malz ergibt. Bei unseren Rezepten finden Sie neben der Bezeichnung „helles Malz" in Klammer zumeist auch die genaue Typenbezeichnung, die Sie auch im Versandgeschäft erhalten können.

Für erste Brauversuche können Sie diese Mischungen auch in flüssiger Form – sogenannten **Bier-Kits** – verwenden, Sie werden aber von den geschmacklichen Ergebnissen nicht immer völlig überzeugt sein. Wir empfehlen Ihnen daher, auch für das Brauen zu Hause echtes Malz – wenn verfügbar, bereits in geschroteter Form – zu verwenden. Geschrotetes Malz ist nur eine bestimmte Zeit lagerfähig; es sollte daher umgehend verbraut werden. Der Fachhandel bietet **geschrotetes Malz vakuumverpackt** an. Ungeschrotetes Malz ist wesentlich länger lagerfähig als geschrotetes, da bei letzterem die Enzyme nach einiger Zeit inaktiv werden. Günstiger, zumal der Kleinmengenzuschlag und die teuren Transportkosten wegfallen, ist der Bezug über eine kleine Hausbrauerei oder Ihre örtliche Brauerei, wo Ihnen der Braumeister gewiß auch bei auftretenden Fragen mit Rat zur Verfügung stehen wird.

Das Mälzen

Zum besseren Verständnis sei der **Mälzprozeß** hier noch einmal kurz beschrieben. War früher die Mälzerei ein wichtiger Bestandteil jeder Brauerei, hat sich heute der Beruf des Mälzers als eigener Erwerbszweig von dem des Brauers abgespalten. Heute haben

Gerstenfeld

Braugerste im Malzprozeß

nur mehr wenige, meist riesige Braukonzerne eigene Mälzereien, die dann auch für andere Brauereien im Lohnverfahren Braumalz erzeugen. Mälzereien sind heute Dienstleistungsbetriebe, welche im Auftrag der Brauereien das ihnen von diesen zur Verfügung gestellte Rohprodukt, die Braugerste, nach den jeweiligen Wünschen mälzen.

Zur Zeit werden beinahe alle Malzsorten in elektrischen **Wandermälzen** mit **Heißluft** erzeugt; früher wurde das Malz über **offenem Feuer** gedarrt (geröstet), was ihm seinen charakteristischen, rauchigen Geschmack verlieh. Nur einige Spezialbiere in **Franken** werden heute noch als **„Rauchbiere"** aus über offenem Buchenfeuer geröstetem Malz erzeugt.

Die grafische Darstellung auf Seite 33 veranschaulicht die einzelnen Arbeitsschritte beim Mälzen. Die zweizeilige Sommergerste (Braugerste) wird nach gründlicher Reinigung in der **Weiche** mit Wasser vermischt, einige Tage in Wasser eingeweicht und bei rund 18° C zum Keimen gebracht. Unter ständigem Umschütten (daher der Name „Wandermälze"), damit die feuchte Braugerste nicht verschimmelt, keimt sie so ungefähr eine Woche lang bei 18°–25° C und wird anschließend, je nach gewünschtem Malz, bei Temperaturen von 80°–105° C gedarrt (getrocknet). Die Braugerste keimt dabei auf rund das doppelte Volumen ihrer Ausgangsmenge und bildet dabei Keimlinge (ähnlich den aus den Chinarestaurants bekannten Sojasprossen). Man nennt dieses noch nicht gedarrte oder geröstete Malz **Grünmalz. Helles Malz** für die Herstellung heller Biere wird bei rund **80° C** getrocknet, **dunkles Malz** für echte dunkle, nicht für gefärbte Biere wird hingegen bei Temperaturen **über 100° C** gedarrt, eher schon geröstet.

Da das Herstellen von Braumalz sehr zeitaufwendig und umständlich ist, empfehlen wir Ihnen, das Malz für das Brauen Ihres Bieres bereits als fertiges Braumalz zu beziehen. Selbstverständlich können Sie – so Sie den Aufwand nicht scheuen – diesen Prozeß auch zu Hause im **Backrohr** oder in **Dörrgeräten** nachvollziehen, wie sie für das Trocknen von Obst Verwendung finden. Besser jedoch ist es, bei der Herstellung von Braumalz zu Hause auf den schwierigen und auch sehr zeitaufwendigen Prozeß des Röstens zu verzichten und das **ungeröstete Grünmalz** für Ihre Brauversuche zu verwenden. Dieses Grünmalz hat den Vorteil, daß es noch wesentlich mehr aktive Enzyme enthält als das bereits gedarrte Malz, da durch das Darren unweigerlich eine bestimmte Menge dieser Enzyme inaktiv wird. Für gewisse Spezialbiere verwenden auch die Brauereien eine geringe Menge Grünmalz, vor allem, wenn diese über eine eigene Mälzerei verfügen. Der Grund, weshalb Grünmalz nicht im Handel erhältlich ist, liegt einzig daran, daß es nicht lager- und transportfähig ist und nach dem **Keimen sofort verbraucht** werden muß. Für das Brauen zu Hause ist das Verwenden von Grünmalz – oder Teilen von Grünmalz – kein Nachteil, da Sie ja Malz nicht in riesigen Mengen selbst mälzen werden. Wenn Sie bei Ihren Brauversuchen mit **Rohfruchtbeigaben** arbeiten, eignet sich dann auch dieses Grünmalz besonders dazu, um die Stärke der Rohfruchtbeigabe in Zucker zu spalten.

Das aus der Braugerste entstandene Malz wird nun vor dem eigentlichen Brauprozeß erst zerkleinert, damit sich die brauwichtigen Bestandteile im Brauwasser besser lösen können. Dazu werden große **Schrotmühlen** verwendet, die das Malz eher zerquetschen und nicht zu Mehl vermahlen. Ungeschrotetes Malz ist aber wesentlich länger lagerfähig als das für das Brauen bereits geschrotete (zerkleinerte) Malz. Sie können daher, so Sie eine eigene **Getreidemühle** besitzen, das benötigte Malz immer frisch schroten. Auch einige **Mehrzweckküchenmaschinen** haben entsprechende Aufsätze, welche ein Schroten des Malzes erlauben. Zu erwähnen ist noch, daß es beim Schroten zu Hause zu einer gewissen, nicht ganz zu verhindernden Staubentwicklung kommt, daher ist bereits geschrotetes und vakuumverpacktes Malz einer eigenen Zerkleinerung vorzuziehen! Weniger gut geeignet sind **Kaffeemaschinen,** da die Zerkleinerung nicht genau gesteuert werden kann, das Malz daher zu stark zerkleinert wird und auch die Kapazität solcher Kaffeemaschinen sehr begrenzt ist. Bei einer Malzmenge von rund 3–5 kg sind diese Kaffeemaschinen zumeist überfordert. Ganz gut geeignet für das Zerquetschen der Malzkörner sind Geräte, wie es sie in Drogerien und Reformhäusern gibt, um aus **Getreide Flocken** herzustellen. Auch wenn der Zeitaufwand recht groß ist, um 3–5 kg Malz zu quetschen, so ist doch das Ergebnis dabei relativ zufriedenstellend. Auch Küchengeräte zum **Reiben von Nüssen** und **Raspeln** (elektrisch oder im Handbetrieb) sind für das Schroten des Braumalzes bedingt einsetzbar.

Bei all diesen Verfahren ist – wie schon erwähnt – eine gewisse Staubentwicklung nicht ganz zu verhindern, so daß gewisse Heimbraubücher das Schroten von **vorgeweichtem Malz** empfehlen. Damit die Enzyme des Braumalzes nicht vorzeitig zu arbeiten beginnen, sollte die Temperatur, bei der das Malz mit Wasser vermischt wird, 8–10° C nicht übersteigen. Die Einweichdauer kann ruhig einige Stunden betragen oder auch über Nacht erfolgen. Das so zerkleinerte Malz – es entsteht schon eher ein Teig – muß nach dem Schroten auf jeden Fall sofort weiterverarbeitet (eingemaischt) werden!

Karamelmalze

Um den Geschmack des Bieres abzurunden, werden speziell behandelte, sogenannte *„Karamelmalze"* verwendet, die auch im einschlägigen Fachhandel erhältlich sind. Sie verleihen dem Bier seinen **vollmundigen Geschmack** und werden der Maische nur in geringen Mengen beigegeben (Zugabe maximal 20% der Maische).

Färbemalze

Beim Brauen dunkler Biere werden dem hellen Malz auch **Färbemalze,** das sind bei höherer Temperatur gedarrte Malze, beigegeben, die das helle Bier dunkel färben. Nicht zu verwechseln sind diese Färbemalze mit dunklem Malz, das zum Brauen

Der Malzvorgang

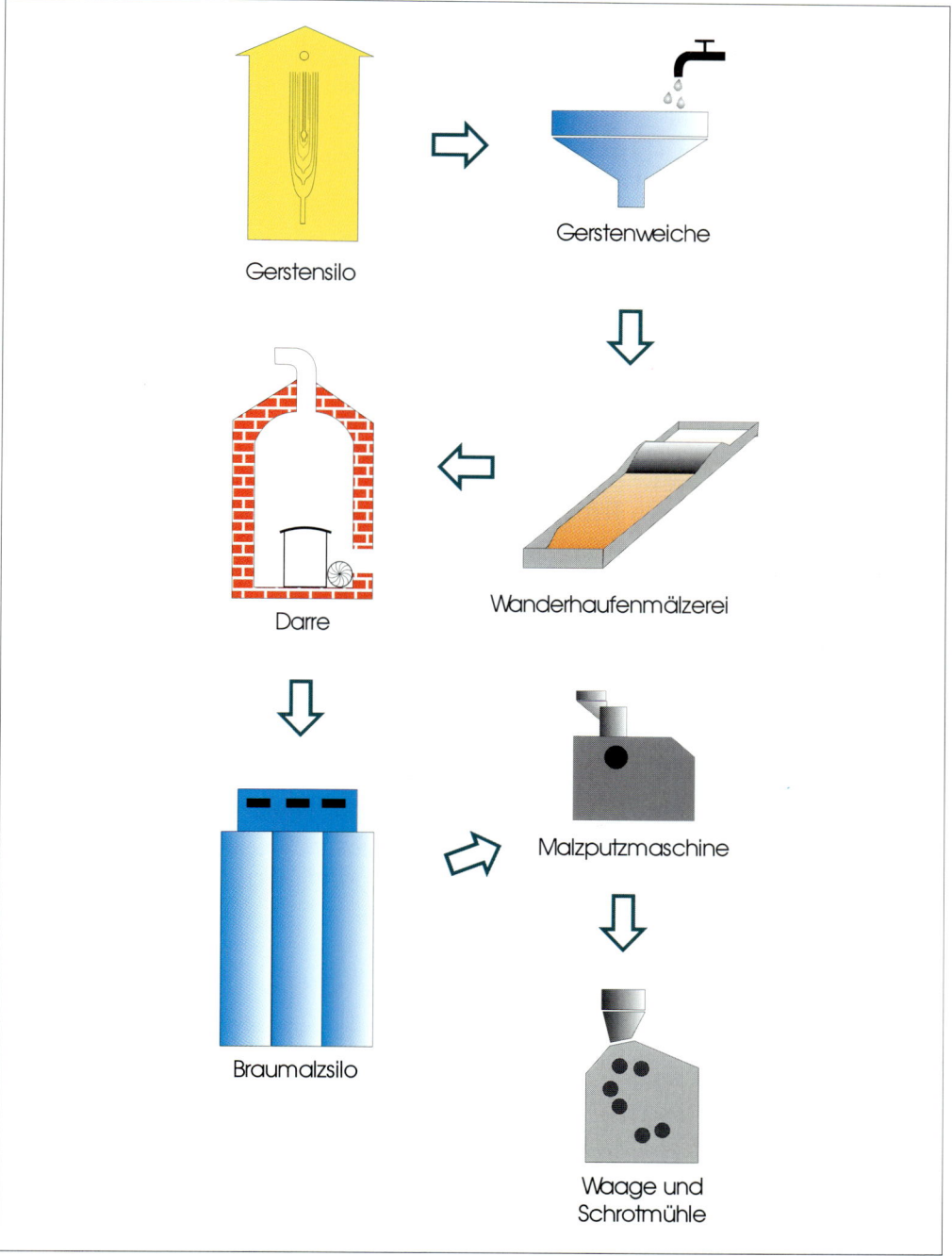

Gerstensilo

Gerstenweiche

Wanderhaufenmälzerei

Darre

Braumalzsilo

Malzputzmaschine

Waage und
Schrotmühle

dunkler Biere eingesetzt wird. Um Geschmacksbeeinträchtigungen durch diese dunklen Malze zu vermeiden, sollte die Beigabe von Färbemalz nicht mehr als 2% der Schüttung des Gesamtmalzes betragen! Vielfach werden aber in den Brauereien heute diese dunklen Biere nicht mit dunklem Malz erzeugt, sondern nach dem Brauen mit **Zuckercouleur** gefärbt. Die Herstellung dieses einzigen, nach dem „Deutschen Reinheitsgebot" zulässigen Zusatzstoffes zum Färben obergäriger Weißbiere wird noch gesondert beschrieben werden.

Karamel- sowie Färbemalze können, so sie nicht im Versandhandel erhältlich sind, mit einigem Aufwand auch zu Hause im **Backrohr** selbst aus hellem ungeschrotetem Malz erzeugt werden. Dabei wird 1 kg helles Malz mit $^1/_2$ l Wasser vermischt, bis das Wasser vollständig vom Malz aufgenommen wurde. Im Backrohr bei 64° C erfolgt jetzt die Verzuckerung des Malzes. Dabei kommt es zum gleichen biochemischen Prozeß wie beim Maischen des Malzes im Brauwasser. Um die relativ große Menge im geschlossenen Backrohr verzuckern zu können, ist eine Zeit von rund 3–4 Stunden notwendig. Wollen Sie **Karamelmalz** erzeugen, wird das Malz anschließend bei **rund 170–180° C** getrocknet. Das Backrohr wird dabei so weit geöffnet, daß die Flüssigkeit des Malzes entweichen kann. Bei diesen Temperaturen karamelisiert der Zucker des Braumalzes ähnlich wie bei dem bei der Zuckercouleurherstellung beschriebenen Verfahren. Dieser Röstprozeß dauert wieder rund 2 Stunden. Während des Röstens besprühen Sie das Malz immer wieder mit Wasser, um den Flüssigkeitsverlust auszugleichen.

Wollen Sie **Färbemalz** erzeugen, wird die Temperatur anschließend noch einmal rasch auf rund 220° C erhöht.

Wie Sie sehen, ist das Selbsterzeugen dieser beiden Malzsorten recht **zeitaufwendig** und **energieintensiv.** Sollten Sie dennoch diesen Vorgang zu Hause durchführen wollen, empfehlen wir Ihnen, beide Malzsorten in einem Arbeitsschritt im Verhältnis 4:1 Karamelmalz zu Farbmalz herzustellen, da Karamelmalz in wesentlich größeren Mengen zum Brauen eingesetzt wird als Farbmalz zum Färben des Bieres. Das fertige Karamel- sowie Farbmalz sollte möglichst luftdicht und kühl gelagert werden, da es ja für mehrere Brauversuche auf Vorrat hergestellt wird. Geeignet sind luftdichte Plastiktüten oder Glasdosen mit Drehverschlüssen.

Grünmalz

Als Grünmalz bezeichnet man das beim Mälzvorgang **nach dem Keimen** entstandene Malz, welches vom Volumen her durch die Keimlinge des Malzes rund doppelt so groß ist als das Ausgangsprodukt, die Braugerste. Grünmalz wird in verschiedenen Spezialbieren – oder bei Verwendung von relativ viel Rohfrucht – auch in den Brauereien eingesetzt, da es mehr Enzyme enthält und sich daher hervorragend eignet, um die Stärke der Rohfruchtbeigabe in Zucker aufzuspalten. Beim Darren wird ja wieder ein Teil der Enzyme abgetötet. Im Verkauf ist dieses Malz – als Zwischenprodukt der

Braumalzerzeugung – **nicht erhältlich,** da es, wie erwähnt, nicht lagerfähig und transportierbar ist. Wenn Sie aber Braugerste selbst zu Braumalz wandeln wollen, können Sie das Grünmalz ohne den schwierigen Umweg des Darrens oder Röstens direkt für Ihr Bierbrauen zu Hause verwenden (siehe hierzu das Kapitel Mälzen, Seite 29ff.).

Weizenmalz

Für die sich in letzter Zeit wieder steigender Beliebtheit erfreuenden *Weizenbiere* – oder, wie sie in **Bayern** auch genannt werden, *Weißbiere* – wird neben Gerstenmalz auch Weizenmalz eingesetzt. Auch die *Berliner Weiße* sowie viele **belgische** und **englische** Biersorten enthalten Weizenmalz als Beigabe. Meist werden diese Biere auch wieder nach dem ursprünglichsten Brauverfahren mit obergärigen Hefen vergoren. Weizen wird zur Biererzeugung aber nicht nur gemälzt, sondern auch ungemälzt in Form einer sogenannten Rohfruchtbeigabe eingesetzt. Das „Deutsche Reinheitsgebot" erlaubt als einzige Ausnahme und Abweichung vom Gerstenmalz die Verwendung dieser Getreidesorte für die Erzeugung von obergärigen Weizenbieren.

Andere Malze

Dieses Buch beschäftigt sich mit Bierspezialitäten, und daher werden in einigen Rezepten auch Zutaten aufscheinen, wie sie nach den strengen Bestimmungen des „Deutschen Reinheitsgebotes" nicht zulässig sind. Aber diese zur Biererzeugung herangezogenen Getreidesorten haben zum Teil eine jahrtausendealte Tradition; sie stehen viel länger als die Braugerste in Verwendung. Bis ins Mittelalter wurden auch bei uns in Mitteleuropa Biere aus **Hafer, Roggen, Dinkel, Emmer, Hirse** und anderen Getreidesorten und -mischungen erzeugt. Einige kleinere Brauereien, beispielsweise die Stiftsbrauerei Schlägl in **Österreich,** stellen nach altem Rezept bereits wieder ein **Roggenbier** her. Da diese Spezialmalze für das Brauen zu Hause sehr schwierig zu bekommen sind, da sie nur für die jeweilige Brauerei als Sonderanfertigung von den Mälzereien erzeugt werden, empfehlen wir Ihnen, beim Brauen solcher Spezialbiere oder beim Experimentieren mit neuen Rezepturen einen Anteil in Form von ungemälztem Getreide (Rohfruchtgabe) zu verwenden. Diese Getreidesorten sind in Reformhäusern und Drogerien auch aus **biologischem Anbau** erhältlich und werden dort auch geschrotet. Wenn das Getreide in ungemälzter Form verwendet wird, muß ein Anteil Gerstenmalz verwendet werden, da, wie erwähnt, dessen Enzyme die zusätzliche Aufspaltung des ungemälzten Getreides übernehmen müssen. Auch sollte das Gerstenmalz möglichst frisch geschrotet sein, da die Enzyme dann wesentlich aktiver sind.

Ein fertiges „Einsteigerset" für das Bierbrauen zu Hause

Verschiedene Flüssigmalzmischungen

Flüssigmalz

Im Handel werden für die Hobbybrauer in **Blechdosen** oder in **Gläsern** fertige Flüssigmalzmischungen angeboten. Diese sirupartige Flüssigkeit wird ebenfalls in den Mälzereien erzeugt und erspart dem Hobbybrauer den zeitaufwendigen Maischeprozeß und das anschließende Läutern der Maische. Das Flüssigmalz wird aus der Dose oder dem Glas nur mehr im Brauwasser aufgelöst und mit dem beigefügten Hopfen gekocht. Für erste Brauversuche sind diese **Flüssigmalzmischungen** sicherlich geeignet, doch lassen sich dabei kaum individuelle Geschmacksrichtungen erzeugen. Vor allem aus **England** stammen bereits fix fertige Flüssigmalzmischungen, sogenannte **Beer Kits,** welche ebenfalls bereits den Hopfen enthalten und nur mehr mit dem Brauwasser vermischt werden müssen. Hier ist der Gestaltungsspielraum des Heimbrauers, verschiedene Geschmacksrichtungen herzustellen, natürlich noch wesentlich geringer. *„Instantbiere"* werden auch bereits in Säcken oder Behältern geliefert, welche Malz und Hopfen nur mehr in **dehydrierter** Form enthalten. Für das Empfinden mitteleuropäischer Bierliebhaber ist diese Form der **„Biererzeugung"** kaum nachvollziehbar, sie wird von den Autoren auch abgelehnt. Wenn Sie sich intensiver mit dem Brauen zu Hause beschäftigen, werden Sie gewiß sehr rasch von diesen vorgefertigten Fertigprodukten (Fast food der Biererzeugung) oder Halbfertigprodukten zu Bier aus echtem Malz wechseln. Obendrein sind diese Flüssigmalze nicht gerade billig.

Malzsubstitute

Zum Unterschied von den vorhin beschriebenen Spezialmalzen für die Erzeugung von entsprechenden Spezialbieren aus anderen Malzen als Gerstenmalz verwenden die großen internationalen Braukonzerne für die Herstellung ihrer untergärigen Lagerbiere auch Malzsubstitute (Ersatzstoffe), welche wesentlich billiger als das durch den aufwendigen Malzprozeß erzeugte Gerstenmalz sind. Es handelt sich vor allem um **Reis** und **Mais,** die in einem Anteil von 20–25% an Stelle von Gerstenmalz der Maische zugegeben werden. Diese Form des Ersetzens von teurem Malz durch andere stärkehaltige Getreide hat **überwiegend ökonomische Gründe.** Sollten Sie beabsichtigen, auch mit solchen Getreidesorten bei der Bierherstellung zu Hause zu arbeiten, empfehlen wir Ihnen, diese Getreidesorten in **geringen Mengen** (maximal 20% der Schüttung) Ihrer Maische beizugeben, wobei Sie beim Erhitzen der Maische besonders darauf achten müssen, daß der Reis oder Mais sich nicht am Boden des Braukessels anlegt, da diese beiden Getreidesorten aufgrund ihres höheren spezifischen Gewichtes im Braukessel eher zu Boden sinken als das leichtere Braumalz und dadurch **leichter anbrennen,** was der Maische – und damit dem fertigen Bier – einen **unangenehmen, rauchigen Geschmack** verleiht.

Aus welchen stärkehaltigen Getreidesorten Bier erzeugt wird, ist für dessen Geschmack wesentlich. Diese Biere, hergestellt aus *billigeren* Rohstoffen, müssen deshalb von der Qualität jedoch nicht schlechter sein. Reis und Mais sind ja – wie die Braugerste – ebenfalls reine Naturprodukte. Es gibt ausgezeichnete **Reisbiere,** oder, wie der Erfolg des **mexikanischen Maisbieres „Corona"** zeigt, können solche Spezialbiere sogar als Kultgetränke angesehen werden, auch wenn sie der mitteleuropäischen Brautradition absolut nicht entsprechen. Wie an anderer Stelle bereits erwähnt, ist Bier – überspitzt formuliert – nur vergorenes Zuckerwasser, es könnte daher auch **Rüben-** oder **Rohrzucker** das Malz teilweise ersetzen. Gerade in der englischen und amerikanischen Literatur, in der es eine Unzahl von **homebrewing-Büchern** gibt, wird in beinahe jedem Rezept eine nicht unwesentliche Menge Zucker für die Vergärung des Bieres angegeben. Mit Ausnahme von Spezialbieren, wie etwa den **Trappistenbieren,** die mit Kandiszucker in der Flasche nachgegoren werden, haben wir bewußt auf die Beigabe von Zucker in den Rezepten verzichtet. Sollten Sie beim Brauen Ihres Bieres doch Zucker verwenden wollen, geben Sie diesen bereits der Maische bei, damit Sie eine bessere Vermischung mit dem Malzzucker, der sich aus dem Braumalz bildet, erreichen.

Honig

Lange Zeit wurde neben Malz auch der durch die Imkerei gewonnene **Honig** zur Bierbereitung verwendet. Der heute zum Teil in Übermaßen produzierte Honig wird neben der alkoholischen Vergärung zu **Met (Honigwein)** in Deutschland und Österreich in letzter Zeit auch dazu verwendet, um ein bierähnliches Getränk zu erzeugen, das unter den verschiedensten Bezeichnungen („Metbier" oder „Honigbräu") als besondere Spezialität angeboten wird. Dabei wird – ähnlich wie bei den Flüssigmischungen aus Malz – der Honig in Wasser aufgelöst und mit dem beigefügten Hopfen gekocht. Auch wenn das so gewonnene alkoholhältige Getränk nach dem Reinheitsgebot und den anderen einschlägigen Bestimmungen des Biersteuergesetzes **nicht als Bier** bezeichnet werden kann, da ihm ja einer der wichtigsten Bestandteile (Malz) fehlt, sind doch die Zutaten – der durch die Bienen erzeugte Honig – ein reines Naturprodukt.
Für das Brauen zu Hause stellt der Honig eine **relativ kostengünstige Alternative** zu den doch recht teuren Halbfertigprodukten auf **Flüssigmalzbasis** dar. Selbstverständlich können Sie den Honig auch nur als Ergänzung oder zur Geschmacksbereicherung der Maische beifügen. Die Beigabe sollte aber unbedingt vor dem Kochen der Würze erfolgen, damit die im Honig natürlich vorkommenden Hefen und Eiweißbestandteile beim Kochen abgetötet werden. Sie würden sonst bei der Vergärung zu unerwünschten Fehlgärungen führen.
Durch Beigeben von Honig kann man durch die farbige Vielfalt dieses Naturproduktes auch unterschiedlich dunklere, goldgelbe bis braune Biere erzeugen.

Zucker und Zuckercouleur

Zucker könnte, wie oben bereits erwähnt, ähnlich wie der Honig, theoretisch das Malz – oder Teile davon – ersetzen. Viele Inhaltsstoffe des Bieres sind aber an das Braumalz gebunden, und reines Zuckerwasser würde, wenn man es mit Hefe vergären läßt, weder von der Farbe noch vom Geschmack nach Bier schmecken. Sehr wohl aber wird aus Zucker hergestelltes **Zuckercouleur** zum Färben von Bier eingesetzt. Je nach eingebrachter Menge wird das damit gefärbte Bier dunkler. Echte dunkle Biere hingegen werden mit echtem dunklem Malz gebraut und nicht nachträglich mit Zuckercouleur eingefärbt.

Für das Brauen zu Hause können Sie Zuckercouleur auch selbst erzeugen. Dabei wird **Kristallzucker** in einer Pfanne bei mäßiger Hitze erwärmt, bis er flüssig wird und sich braun zu färben beginnt. Durch ständiges Rühren verhindern Sie das Anbrennen dieser klebrigen, siruppartigen Masse, die wie Karamelbonbons riecht. Sie wird anschließend mit Wasser aufgegossen und durch Verrühren aufgelöst. Je nach gewünschter Farbe des fertigen Bieres wird der Würze beim Kochen mit dem Hopfen von dieser Zuckercouleurmischung mehr oder weniger viel beigegeben. In Flaschen abgefüllt und gut verschlossen, kann sie einige Wochen lang im Kühlschrank aufbewahrt und für mehrere Brauversuche verwendet werden.

Dieses Färben mit *Sinamar* – wie das Zuckercouleur auch heißt – ist auch nach den Bestimmungen des „Deutschen Reinheitsgebotes" zulässig. Darüber hinaus wird Zucker (und hier vor allem **Kandiszucker**) zur Flaschengärung der **belgischen** und **holländischen** *Trappistenbiere* eingesetzt. Dabei wird nach der Hauptgärung beim Abfüllen eine geringe Menge Kandiszucker der Flasche beigegeben, welche dann in der Flasche eine Nachgärung auslöst und das Bier geschmacklich abrundet.

ZUSATZSTOFFE UND GEWÜRZE

Gab es im Mittelalter vor dem „Deutschen Reinheitsgesetz" jede Menge (zum Teil für unsere heutigen Begriffe abenteuerlichste) Zutaten und Gewürze – einerseits, um das Bier überhaupt genießbar zu machen bzw. um verdorbenes, saures Bier mit Kräutern und Gewürzen geschmacklich zu überdecken –, so haben sich heute nur mehr bei einigen speziellen Bieren Gewürzzugaben erhalten.

Vorreiter auf dem Gebiet der mit Gewürzen versetzten Biere sind die **Belgier** und **Briten,** die **Koriander, Wacholder** oder getrocknete **Orangenschalen** als Geschmacksbeigaben beim Bierbrauen einsetzen. Aber auch in **Deutschland** werden dem Bier, wenn auch nicht direkt beim Brauen, so doch vor dem Trinken, beispielsweise bei der *Berliner Weiße*, entweder **Waldmeister** oder **Himbeersaft** beigefügt, was dann zu einer

Honig als Malzersatz bzw. als geschmackliche Ergänzung zum Malz

Rohstoffe in Kleinmengen für das Brauen zu Hause

deutlichen Färbung des Bieres (grün oder rot) führt. Ja sogar die **Bayern** runden ihr heißgeliebtes *Weißbier,* vor allem in der gefilterten, klaren Variante des Kristallweizens, mit einer Zitronenscheibe ab!

Auch die sogenannten *Radler,* meist eine Mischung aus Bier und alkoholfreier **Zitronenlimonade,** erfreuen sich gerade bei Jugendlichen und Sportlern steigender Beliebtheit und werden heute bereits fertig gemischt in Flaschen angeboten.

Eine weitere Besonderheit, vor allem in **Belgien, Frankreich** und **Holland,** sind die Früchtebiere, bei denen der Maische **Kirschen, Himbeeren** oder **Erdbeeren** beigefügt werden, die den Bieren eine geschmacklich besonders ausgefallene Note verleihen.

Unterscheiden muß man bei allen diesen Zutaten oder Zusatzstoffen zwischen Beigaben während des Brauprozesses und solchen nach dem Brauen, was üblicherweise als **Verschneiden** des Bieres bezeichnet wird. Für das Brauen zu Hause sind Ihrem Erfindungsreichtum und Ihrer Kreativität keine Grenzen gesetzt, auch wenn sich einige Puristen über solche Bierkreationen lustig machen werden. Gerade in **Amerika** haben die in unzähligen Heimbrauerklubs organisierten Hobbybrauer keinerlei Scheu, mit den unterschiedlichsten Zutaten zu experimentieren. Neben zuckerhältigen Früchten wie **Ananas** und **Bananen** wird auch unter Beigabe von **Ahornsirup** und **Honig** Bier gebraut. Als Gewürzbeigaben zum Hopfen – oder auch statt des Hopfens – werden von **Vanille-** bis zu **Chilischoten** alle möglichen (und vor allem unmöglichen) Gewürze und Kräuter verwendet. Wo hier die Grenze zu ziehen ist, läßt sich nur schwer sagen. Bei natürlichen Zutaten spricht eigentlich nichts gegen deren Verwendung.

Eigentlich selbstverständlich sollte hingegen sein, daß **keinerlei chemische Zusatzstoffe, Schaumbilder** und **Geschmacksverstärker** beim Bierbrauen verwendet werden. Gilt schon dieser Grundsatz als oberste Maxime für ein gesundes Lebensmittel (und als solches ist Bier anzusehen) für die professionellen Brauereien aufgrund gesetzlicher Bestimmungen, sollte er noch in viel größerem Maße für Sie als Heimbrauer gelten, zumal Sie ja sowohl Erzeuger als auch Wirt und Konsument Ihres Selbstgebrauten in einer Person sind.

Leider erlauben sehr viele Lebensmittelgesetze in Europa chemische Zusatzstoffe zum besseren **Haltbarmachen** der Biere oder zur **Stabilisierung des Bierschaumes** sehr wohl. Vorbildlich sind hier eigentlich nur der Codex Alimentarius Austriacus und das Deutsche und Schweizer Lebensmittelgesetz. Bedauerlicherweise wird die überwiegende Mehrzahl der heute industriell gefertigten Biere – um diese besser lagern und transportieren zu können – einer **Pasteurisation** (Erhitzung) unterzogen, wodurch aus einem „Lebensmittel" mit lebenden Stoffen wie Hefen ein totes Getränk entsteht, das damit auch viel von seinen individuellen Geschmacksnuancen verliert. Beim Brauen zu Hause stehen Ihnen diese chemischen Zusatzstoffe zumeist gar nicht zur Verfügung, auch ein längerer Transport Ihres Bieres ist nicht notwendig, und eine Haltbarkeit von rund acht Wochen müßte auch ausreichen, damit Ihre Produktion von 10–20 Liter Bier verbraucht wird.

Achten Sie auch darauf, daß beim **unbedingt notwendigen Reinigen** der Braugefäße und Flaschen keinerlei Spülmittelreste verbleiben. Einerseits verändern diese zumeist **fetthaltigen Reinigungsmittel** die Oberflächenspannung des Wassers und damit auch die des Bieres, so daß kein ordentlicher, haltbarer Bierschaum entstehen kann, andererseits verbleiben Reste dieser chemischen Substanzen auch im Bier. Spülen Sie daher Ihre Geräte gründlich mit heißem und anschließend mit kaltem Wasser!

BIERHEFE

Die Bierhefe spaltet den Malzzucker, der sich aus dem Braumalz gebildet hat, in Alkohol und in Kohlensäure auf. Man nennt diesen Prozeß **alkoholische Gärung;** er läuft genauso wie bei der Weinerzeugung, der Fruchtweinbereitung und der Produktion von anderen leicht alkoholhältigen Getränken, wie Most (Apfelwein) und Met, ab. Die für die Biererzeugung verwendeten Bierhefen sind Mikroorganismen, die erst unter dem Mikroskop bei 800facher Vergrößerung sichtbar werden. Der Prozeß der alkoholischen Gärung hat sich seit Tausenden von Jahren nicht verändert, aber erst seit rund 200 Jahren ist es durch die Erfindung des Mikroskopes möglich geworden, diese Vorgänge exakt jenen Kleinstlebewesen zuzuordnen. Seit dem 19. Jahrhundert werden daher diese Hefen für die Biererzeugung in speziellen Labors in sogenannter **Reinzucht** gezüchtet und vermehrt.
Jahrtausendelang war man zumeist auf **„wilde Hefen"** als Auslöser der alkoholischen Gärung bei der Erzeugung von Bier angewiesen. Diese wilden Hefen, die auch heute noch in der Luft enthalten sind, können einerseits unerwünschte Gärungen auslösen, andererseits werden sie aber auch speziell genutzt, um ganz besondere Biere, wie etwa die **belgischen Lambic-Biere,** zu vergären.
Grundsätzlich werden bei der Bierherstellung zwei verschiedene Hefesorten eingesetzt, die sich in ihrer Gärtemperatur deutlich unterscheiden. Die **untergärigen Hefen** *(Saccaromyces carlsbergensis),* die bei einer Gärtemperatur von 5–10° C arbeiten, und die **obergärigen Hefen** *(Saccaromyces cerevisiae),* bei einer Gärtemperatur von 15–20° C. Letztere wurden als ursprüngliche Hefen bis zur Erfindung der **elektrischen Kühlung** vorwiegend bei der Biererzeugung eingesetzt. Die für die Gärung untergäriger Biere durch untergärige Hefen notwendigen niederen Temperaturen waren ja früher ganzjährig meist nicht oder nur unter großen Schwierigkeiten mit hohem finanziellem und personellem Einsatz erzielbar. Zur Kühlung verwendete man **Natureis,** das von eigenen Eisteichen in der Nähe der Brauerei stammte und in den Wintermonaten in riesige **Eiskeller** eingelagert wurde – eine recht teure und aufwendige Handarbeit. Der Name **„Märzenbier"** stammt übrigens noch aus jenen Zeiten, da im Monat März die letzte Möglichkeit bestand, **länger haltbare untergärige Biere** ohne künstliche Kühlung zu erzeugen.

Erst nach Erfindung der elektrischen Kühlaggregate war es – unabhängig von der Jahreszeit – möglich, ganzjährig untergärige Biere herzustellen. Heute werden weltweit mehr als 80% aller Biere mit untergärigen Hefen hergestellt, da sie leichter transportierbar und vor allem haltbarer sind. Obergärige Biere werden vorwiegend noch als Spezialbiere gebraut, wobei es hier länderweise große Unterschiede gibt. Werden in **England** *Ale, Stout* und *Porter* traditionell mit obergärigen Hefen vergoren, haben sich diese Hefen bei der Biererzeugung in **Deutschland** vor allem für die *Weißbiere, Alt, Kölsch* und *Berliner Weiße* erhalten.

Unser Buch hat es sich zur Aufgabe gemacht, gerade diese Bierspezialitäten in den Vordergrund zu rücken. Daher werden Sie in der Rezeptsammlung auch verstärkt Biersorten, hergestellt mit obergärigen Hefen, finden.

Der zweite Grund, weshalb wir für das Brauen zu Hause gerade auf diese obergärigen Hefen zurückgreifen, ist ein rein technischer. Die Gärtemperaturen von 15–20° C lassen sich im Haushalt **leichter ohne große Installationen** erreichen und **kontrollieren;** untergärige Hefen hingegen benötigen für das Gären eine Temperatur von 5–10° C, was ohne elektrische Kühlanlagen nur im Winter möglich sein wird. Auch ist die Gärzeit bei beiden Hefearten sehr unterschiedlich. Die obergärigen Hefen arbeiten in der Hauptgärung in 2–3 Tagen, untergärige brauchen für das Vergären zumindest eine Woche. Aufgrund der längeren Gärzeit besteht daher auch größere Gefahr, daß wilde Hefen oder Bakterien zu Fehlgärungen führen könnten.

Die Bezeichnung „untergärig" und „obergärig" stammt von der **jeweiligen charakteristischen Eigenschaft** der betreffenden Hefe. Nach dem Brauprozeß setzen sich die untergärigen Hefen nämlich am Boden des Gärgefäßes ab, während sich die obergärigen nach der Gärung an der Oberfläche des Gärbottichs als Schaum absetzen und von dort abgeschöpft werden.

Die Bierhefe wird in den Brauereien nach der Gärung mittels Filteranlagen aus dem fertigen Bier gefiltert, da die **Resthefe zu Trübungen und Geschmacksbeeinträchtigungen** des Bieres führen kann. Erst in letzter Zeit gibt es einen neuen Trend zurück zu trüben, ungefilterten Bieren, sogenannten *„Zwicklbieren"* oder *„Hefeweizenbieren"*. Beim Brauen zu Hause haben Sie die Möglichkeit nicht, die restliche Hefe aus dem fertigen Bier zu filtern; außerdem sind diese **Hefebestandteile geschmacksbeeinflussend** und auch sehr **gesund,** da Bierhefe der größte Lieferant des **Vitamin B$_1$-, B$_2$-** und **B$_6$-Komplexes** ist. Diese wasserlöslichen Vitamine des Vitamin B-Komplexes wirken auf Nerven, Haut und Haare besonders positiv, allerdings weisen diese ungefilterten Biere (leider) auch einen höheren Kalorienanteil als die **blanken, gefilterten** Biere auf. Neben den Vitaminen des B-Komplexes enthält Bierhefe aber auch eine Reihe wichtiger **Mineralien** und **Spurenelemente,** wie zum Beispiel Phosphor, Kalium, Magnesium, Calcium, Zink, Chrom, Selen, Eisen, Mangan und Kupfer.

Noch nicht restlos erforscht sind die medizinische Bedeutung und die vielfältigsten therapeutischen Anwendungsmöglichkeiten der Bierhefe. Zumeist wird sie derzeit nach der Filterung in den Brauereien als Abfallprodukt an Tiere verfüttert. Einige wis-

Malz: ungeschrotet; geschrotetes helles und Karamelmalz

Trockenreinzuchthefe

senschaftliche Untersuchungen sprechen dafür, daß Bierhefe durchaus medizinische Anwendungsbereiche hat, beispielsweise bei vorbeugender Behandlung von **Herz-Kreislauf-Erkrankungen, Arteriosklerose,** bei chronischen **Leberleiden,** bei **Zucker-krankheiten, Verdauungsbeschwerden** und vor allem bei der Behandlung vielfältig-ster **Hauterkrankungen,** welche in den letzten Jahren ja sprunghaft angestiegen sind. In speziellen Reinzuchthefeanstalten werden heutzutage Tausende verschiedene Hefestämme in Reinkultur gezüchtet, wobei sich viele Brauereien ihre Hefestämme für ihre unverwechselbaren Biere exklusiv sichern oder diese selbst in ihren brauereieigenen Labors vermehren. Nach jedem Gärvorgang – die Brauer sprechen hier von **Führung** oder **Gärführung –** wird die verwendete Hefe gewaschen und kühl für weitere Gärführungen aufbewahrt. Da sich bei der Gärung mehr Hefepilze bilden, als der Würze vor der Gärung beigegeben wurden, könnte man daher mit der eingesetzten Hefe endlos weitergären. Da aber die Gefahr der Degeneration mit der Möglichkeit von Fehlgärungen besteht, werden die verwendeten Hefen nach 5–7 Führungen durch neue Reinzuchthefen ersetzt. Zu Hause können Sie Ihre Hefen nach dem Brauen bei kühler Lagerung (Kühlschrank) sicherlich auch mehrmals verwenden, wobei sich bei gewissen Hefen erst bei mehrmaliger Führung die richtige **Gärleistung** einstellt. Diese überschüssige Bierhefe kann von Ihnen natürlich auch in kleinen Mengen als Medizin eingenommen werden, wobei hier auf die einschlägige Literatur zu diesem Thema verwiesen sei.

Trockenhefe

Für das Brauen zu Hause erhalten Sie Trockenhefe in **Päckchen** abgefüllt, ähnlich der Trockenhefe für das Backen von Brot und Kuchen. Die Backhefen sind ja Verwandte der Brauhefen, was auch erklärt, weshalb im Mittelalter die Biere beim Bäcker zumeist besser gelungen sind als anderswo, befanden sich doch in den Backstuben viel mehr Hefen in der Raumluft, die eine wesentlich kontrolliertere Gärung auslösten als bei anderen Brauern.

Trockenhefe wurde in einem Trocknungsprozeß das Wasser entzogen, daher müssen diese Hefen vor der Verwendung in Wasser aufgelöst (gequollen) werden, damit sie **wiederbelebt** werden. Den Beipackerklärungen dieser Trockenhefepäckchen können Sie die angegebene **Quillzeit** und die jeweils beizufügende Wassermenge entnehmen; ferner auch, für welche **Menge Bier** die einzelne Hefepackung ausreicht.

Da Sie nicht wissen können, wie lange die Trockenhefe bereits gelagert wurde, empfiehlt es sich, vor der Verwendung der Brauhefe zum Gären sie auf ihre Gärwirkung zu überprüfen.

Hierzu ein Tip: Wenn Sie sich nicht sicher sind, ob Ihre Trockenhefe arbeitet, fügen Sie der Hefe aufgekochtes (sterilisiertes) und anschließend wieder auf Quilltemperatur der Hefe abgekühltes Wasser (0,1 l Wasser auf 1 Teelöffel Zucker) bei. Da sich Zucker durch die Hefe in Alkohol und Kohlensäure umwandelt, müßten nach einiger Zeit (1–2 Stunden) **Bläschen** auf der Hefeflüssigkeit erscheinen. Mit diesem Test haben Sie die Garantie, daß die Hefe aktiv ist und dann Ihre Würze auch tatsächlich in Bier verwandeln wird. An Stelle von Zuckerlösung können Sie auch Fruchtsaft zum Testen nehmen.

Wie bereits erwähnt, entsteht bei der Gärung wesentlich mehr Hefe, als beigegeben wurde. In den Brauereien wird diese überschüssige Hefe abgeschöpft und für weitere Gärführungen verwendet; bei obergärigen Hefen wird der Schaum der abgestorbenen Hefen vorsichtig aus dem Gärbottich abgeschöpft, bei untergärigen lagern sich diese gleich am Boden den Gärgefäßes ab und werden von dort entnommen. Beim Brauen zu Hause können Sie in gleicher Weise verfahren und die überschüssige Hefe, jetzt in Form von **Flüssighefe,** aus Ihrem Gärbehälter für weitere Gärversuche verwenden. Durch die starke Vermehrung der Hefen können Sie **drei-** bis **viermal** soviel Hefe „ernten", als Sie ursprünglich der Würze beigegeben haben. Man könnte daher theoretisch mit diesen Hefen in alle Ewigkeit weiterbrauen. Da Hefe aber, wie bereits erwähnt, degeneriert, sollten Sie beim Brauen zu Hause wie in der Brauerei ebenfalls nach einigen Gärführungen **neue Reinzuchthefe** verwenden.

Flüssighefe

Diese Form der Hefe entsteht nach der ersten Verwendung aus Trockenhefe; sie ist eine **bräunliche Flüssigkeit,** die bereits sehr intensiv nach Bier riecht. Bierhefe in dieser Form kann bereits ohne weitere Vorbehandlung der Würze beigegeben werden. Die Beigabe sollte aber bei Gärtemperatur erfolgen, daher müssen Sie obergärige Hefen vor der Gärung einige Zeit bei Raumtemperatur warm stellen. Aufbewahren können Sie die Flüssighefe bis zu Ihren nächsten Gärversuchen in Glasflaschen im Kühlschrank. Flüssighefe erhalten Sie auch in Brauereien bzw. in kleinen Hausbrauereien. Dort bekommen Sie auch genaue Angaben über die Verwendung und die jeweilige Menge der Hefebeigabe.

Bierhefe ist, wie erwähnt, eine der reichsten Quellen für die wasserlöslichen Vitamine B_1, B_2 und B_6. Die überschüssige Hefe können Sie daher als Medizin einsetzen, indem Sie täglich einen Schluck dieser Brauhefe trinken.

DER BRAUVORGANG IN DER BRAUEREI

Im vorigen Kapitel wurden die Rohstoffe und Zutaten für das Bierbrauen beschrieben, jetzt erklären wir Ihnen kurz den **technischen Ablauf,** wie aus diesen Zutaten – Wasser, Malz, Hopfen und Hefe – in der Brauerei Bier entsteht.

Von außen sind die meisten Brauereien durch große Lagerhallen, einen hohen Schornstein und – je nach Stand der Bierproduktion – einen recht intensiven Geruch nach Malz gekennzeichnet. Die großen gewerblichen Brauereien entstanden überwiegend aus traditionellen Braustätten, an denen meist schon seit Jahrhunderten Bier gebraut wird. Viele von ihnen bieten nach Voranmeldung Führungen durch ihren Betrieb an oder unterhalten sogar kleine Braumuseen. Alle im folgenden beschriebenen Arbeitsschritte werden heutzutage in den Brauereien mit höchstem technischen Aufwand, unter ständiger, z.T. computergestützter Überwachung, unter Beachtung der entsprechenden Hygienemaßnahmen und mit dementsprechend großem finanziellem Aufwand durchgeführt.

Sämtliche Arbeitsabläufe sind für das Brauen zu Hause im **wesentlichen gleich,** auch wenn die dafür erforderlichen Geräte von den Dimensionen her mit den industriellen Anlagen in keiner Weise zu vergleichen sind: beginnend beim **Schroten des Malzes,** über das **Maischen,** das **Läutern,** das **Kochen der Würze** und **Abkühlen,** über das **Vergären** und das **Abfüllen** des fertigen Bieres und das **Reifen** des noch jungen Bieres im Lagerkeller.

MAISCHEN

Das von der Mälzerei angelieferte Malz wird in der Brauerei vor dem eigentlichen Brauvorgang gereinigt und zerkleinert (geschrotet) und in der **Maischepfanne** oder im **Maischebottich** mit dem Brauwasser vermischt. In den meisten Brauereien werden heute Dekoktionsverfahren verwendet, bei denen immer Teile der Maische entnommen, in der Maischepfanne gekocht und anschließend wieder in den Maischebottich zurückgepumpt werden. Dazu sind mindestens zwei Maischepfannen notwendig. Infusionsverfahren hingegen benötigen nur eine beheizbare Maischepfanne. Diesen Vorgang nennt man Maischen oder auch Einmaischen.

Dann wird der Malzbrei unter Einhaltung von Rastzeiten, bei denen die Enzyme des Malzes die Stärke in Malzzucker verwandeln, bis auf 78° C erhitzt. Der Braumeister überwacht im Sudhaus diesen Verzuckerungsprozeß ständig und prüft mit der **Jodprobe,** ob und wieviel Malz sich bereits gebildet hat. Ein elektrisches Rührwerk sorgt dafür, daß sich die Maische nicht im Maischegefäß anlegt und anbrennt.

Es gibt verschiedene Maischverfahren – vom einfachen **Infusionsverfahren,** bei dem die Temperatur unter Einhaltung entsprechender Rastzeiten bis auf 78° C erhöht wird, bis hin zu Ein-, Zwei- und Dreimaischverfahren **(Dekoktionsverfahren),** bei denen Teile der Maische mehrfach entnommen, gesondert erhitzt (gekocht) und anschließend wieder der Maische beigefügt werden.

Brauvorgang in der Brauerei

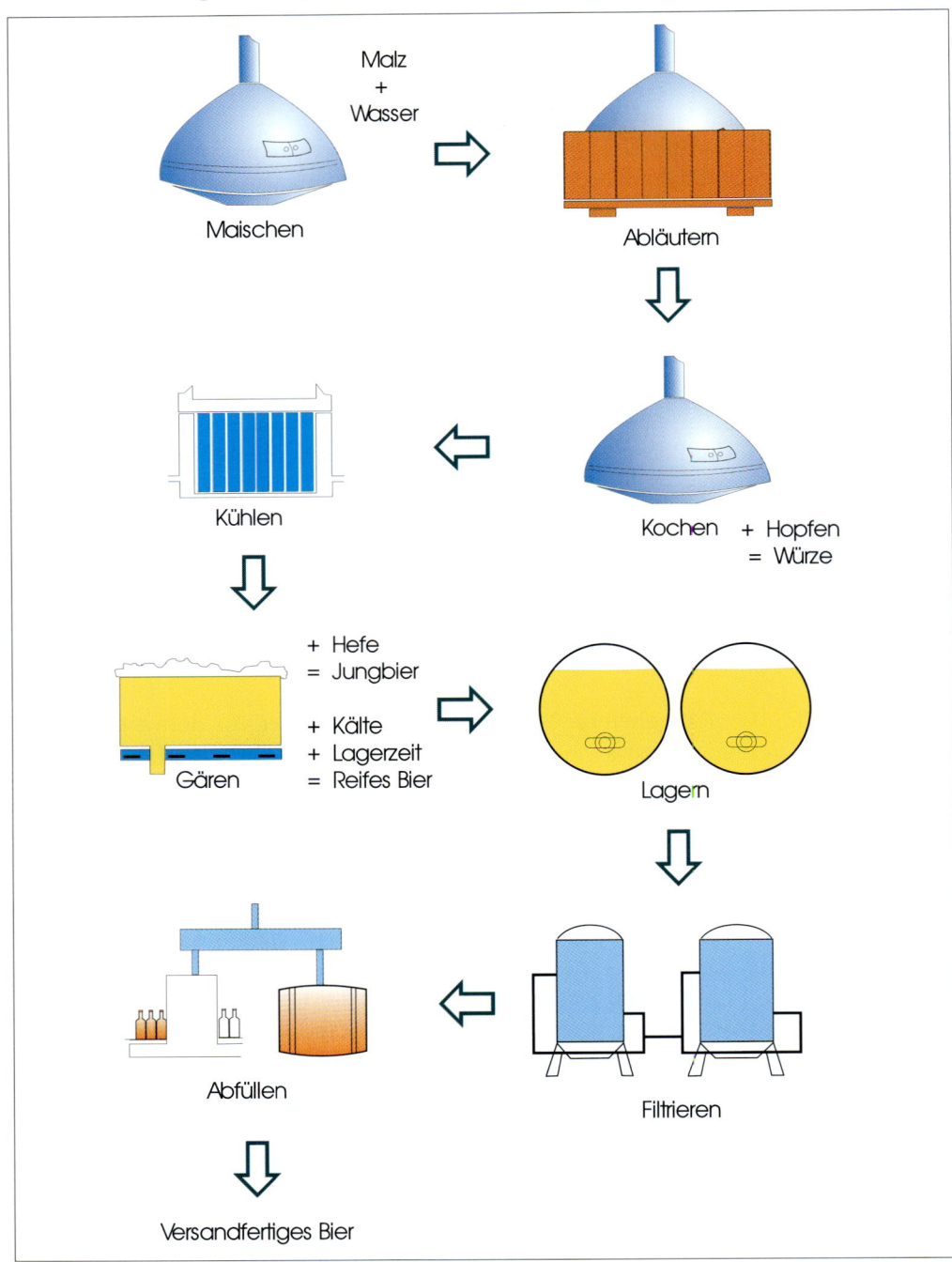

Maischen

Malz + Wasser

Abläutern

Kühlen

Kochen + Hopfen = Würze

Gären

+ Hefe = Jungbier

+ Kälte + Lagerzeit = Reifes Bier

Lagern

Abfüllen

Filtrieren

Versandfertiges Bier

Für das Brauen zu Hause eignet sich besonders das eingangs erwähnte Infusionsverfahren, da es am einfachsten durchführbar ist, zumal man nur ein Maischegefäß benötigt. Bei den Zwei- und Dreimaischverfahren hingegen lassen sich eine bessere Ausbeute und eine größere Geschmacksvielfalt erzielen, so daß heute in den industriellen Braustätten diese aufwendigeren Brauverfahren angewendet werden.

LÄUTERN

Hat die Maische schließlich die Endtemperatur erreicht, werden ihre festen Bestandteile **(Treber)** von den flüssigen **(Würze)** getrennt. Dieser Vorgang heißt **Läutern** oder **Abläutern,** wobei der Treber als natürlicher Filter dient, durch den die Würze abfließt. Die dickflüssige, leicht süßliche Würze kommt in die **Würzepfanne;** der Treber wird mit heißem Wasser, dem sogenannten **Nachguß,** mehrmals ausgeschwemmt. Anschließend wird die Würze mit diesem Nachguß, der noch immer relativ viele brauwichtige Bestandteile enthält, verdünnt. Der verbleibende Treber, der für das weitere Bierbrauen keine Bedeutung mehr hat, enthält aber noch viele wertvolle **Eiweißbestandteile** und wird daher als hochwertiges Viehfutter verwertet. Bauern holen diesen Treber von den Brauereien ab und verwenden ihn für die Viehmast.

KOCHEN DER WÜRZE

In der **Würzepfanne** wird die Würze unter Beigabe von Hopfen jetzt 1–2 Stunden lang gekocht. Das Kochen der Würze erfolgt in den Brauereien im **Sudhaus** in einer eigenen **Würze-** oder **Sudpfanne,** während wir beim Brauen zu Hause für Maische und Sud das gleiche Gefäß verwenden. Wie bereits bei der Beschreibung des Hopfens erklärt wurde, sind dessen Inhaltsstoffe (ätherische Öle) hochflüchtig, weshalb auch die **Hopfenbeigabe** oder **Hopfengabe** durch den Brauer nicht auf einmal erfolgt, sondern auf 2–3 Hopfengaben aufgeteilt wird. Vor allem der teure, hochwertige Aromahopfen wird vom Braumeister erst am Ende dieses Kochvorganges beigegeben, damit dessen besondere Inhaltsstoffe sich möglichst vollständig im Bier auflösen. Welche Hopfensorten und Mischungen verschiedener Hopfensorten verwendet werden, hängt von der Biersorte ab, die gerade gebraut wird; es handelt sich hier um die besondere Kunst und das Geheimnis des Braumeisters.

Durch das Kochen lösen sich die **Aromastoffe** des Hopfens, und die Würze wird bei Kochtemperatur auch **keimfrei** gemacht. Beim Kochvorgang entweicht Wasser in Form von Dampf, dadurch wieder steigt die **Konzentration der Würze** (Stammwürzegehalt) an. So kann beim Kochen der Würze der Stammwürzegehalt, der auch Basis für die Entrichtung der Biersteuer ist, genau festgelegt werden. Die Hopfenbeigabe zur kochenden Würze ist aber vor allem für das **Ausscheiden der Eiweißbestandteile** wichtig, das durch den Hopfen gefördert wird.

FILTERN DER WÜRZE

Schließlich wird die heiße Würze in **Filteranlagen** oder in einem **Whirlpool** von den störenden Eiweißbestandteilen getrennt. Sie wird dabei im Whirlpool mit hoher Geschwindigkeit horizontal in ein großes rundes Gefäß gepumpt. Die auftretenden Zentrifugalkräfte bewirken, daß sich die ungelösten Stoffe in Form eines Kegels in der Mitte dieses Whirlpools absetzen, von wo sie dann abgepumpt werden können.

ABKÜHLUNG UND GÄRUNG DES BIERES

Anschließend erfolgt die möglichst rasche **Abkühlung** der Würze auf die entsprechende Gärtemperatur. Bei untergärigen Bieren wird sie auf 5° C herabgekühlt, bei obergärigen auf 20° C. Die abgekühlte Würze wird in **Gärbottiche (offen)** oder **Gärtanks (geschlossen)** umgepumpt und durch Beigabe von Reinzuchthefe möglichst rasch zum Gären gebracht. Bei der jetzt einsetzenden Hauptgärung erfolgt die Aufspaltung des Malzzuckers in Alkohol und Kohlensäure. Nach rund einem Tag beginnt ein stürmisches Spiel: Es bildet sich auf der brodelnden Würze eine dicke, weiße bis gelbe Schaumschicht. Man nennt diesen Schaum **„Kräusen"**.
Mit einer **Würzespindel** prüft der Braumeister nun regelmäßig den Stand der Vergärung. Je mehr die Alkoholkonzentration im Bier zunimmt, desto geringer wird die Konzentration des Extraktes (Stammwürzegehalt). So gärt das untergärige Bier 8–10 Tage, das obergärige jedoch nur 2–3 Tage, dann ist die Hauptgärung abgeschlossen.

LAGERUNG DES JUNGEN BIERES UND NACHGÄRUNG

In den Brauereien wird dieses nun bereits fertige, aber noch **junge Bier** zur **Nachreifung** in Tanks gelagert. In diese geschlossenen Lagertanks kommen untergärige Biere zwischen 3–6 Monate bei Temperaturen nahe dem Gefrierpunkt zum **Reifen** und **Nachgären.** Diese Lagerung bewirkt nicht nur die Ausbildung sauberer Bieraromen, sondern führt auch zur Anreicherung mit **natürlicher Kohlensäure,** die durch die Hefe gebildet wird. Diese Kohlensäure kann aus den geschlossenen Lagertanks nicht ent-

Gärung im offenen Gärbottich. Der Braumeister überwacht die Gärung
und macht Aufzeichnungen

Obergärige Hefe im Gärgefäß einer Hausbrauerei

weichen. Aus Sicherheitsgründen sind daher an ihnen **Überdruckventile** angebracht, die bei entsprechend eingestelltem Druck ein Entweichen dieser überschüssigen Kohlensäure ermöglichen.

Das fertige Bier wird nun noch einmal über einen Kieselgurfilter gefiltert. Dadurch werden die letzten kleinen Trübstoffe und Hefebestandteile entfernt. Das Bier wird dadurch völlig klar und anschließend vollautomatisch in **Fässer, Flaschen, Dosen** bzw. **Container** abgefüllt. Das Bier, das die Brauereien verläßt, ist bereits trinkfertig; es verliert durch längere, vor allem unsachgemäße Lagerung bei zu hohen Temperaturen und durch Lichteinwirkung rasch an Qualität. Zum Unterschied von Wein, der jahrelang lagerfähig ist und dessen Geschmack sich bei verschiedenen Sorten erst nach einigen Jahren so richtig entfaltet, ist Bier ein für den sofortigen – oder zumindest baldigen – Verbrauch bestimmtes Getränk. Bier ist auch sehr **licht-** und **temperaturempfindlich.** Es sollte daher am besten immer stehend bei 8° C in einem dunklen Raum gelagert werden.

DAS BRAUEN ZU HAUSE

Haben Sie auf den vorigen Seiten einen Überblick über den industriellen Brauvorgang erhalten, so stellen wir Ihnen in diesem Kapitel nun die Arbeitsvorgänge und -abläufe für das Heimbrauen vor. Der Prozeß ist auch beim Brauen zu Hause derselbe, wenn Ihre Geräte einerseits von der Größe, andererseits aber auch von den technischen Bedingungen stark abweichen.

Ihr Sudkessel ist ein großer **Kochtopf** mit einer Kapazität von rund 20 Litern, das elektrische Rührwerk ersetzt ein **Kochlöffel,** den Läuterbottich ein **Industriefilter** und (oder) einige **Stoffwindeln,** und die Abfüllanlage ist bei Ihnen zu Hause ein **Schlauch** oder das Ablaßventil eines lebensmittelechten Fasses. Die zumeist computergestützte Temperatursteuerung großer Brauereien übernimmt zu Hause ein **Einkochthermometer,** und die biochemische Überwachung des Brauvorganges, welche in den Brauereien in eigenen Labors erfolgt, kann beim Hausbrauen mit einigen Testreagenzien aus der Apotheke von Ihnen selbst als „Braumeister" überwacht und gesteuert werden.

Bevor Sie jetzt jedoch mit dem Brauen zu Hause beginnen, überprüfen Sie bitte, ob alle benötigten Utensilien vorhanden sind und auch einwandfrei funktionieren. Achten Sie auch darauf, daß alle **„Engstellen"** möglichst ausgeschlossen werden. Engstellen beim Brauen zu Hause sind einerseits **zuwenig verfügbare Zeit, beengte Räumlichkeiten** oder auch **fehlende Behälter** (Flaschen), um das fertige Bier dann auch rechtzeitig abfüllen zu können. Fehlende oder nicht funktionstüchtige Geräte können dazu führen, daß alle Ihre bisherigen Bemühungen zunichte gemacht werden.

Manche der Arbeitsschritte müssen ziemlich rasch durchgeführt werden, andere wiederum erfordern das exakte Einhalten der angegebenen Temperaturen und Rastzeiten. **Nehmen Sie sich daher für das Brauen genügend Zeit und Muße!**

Bierbrauen ist auch ein arbeitsteiliger Prozeß, und für viele Arbeitsabläufe – wie etwa das Abfüllen des fertigen Bieres – ist es vorteilhaft, wenn Ihnen jemand zur Hand geht. Laden Sie daher auch Bekannte zum Brauen ein, oder brauen Sie mit Ihrem Partner! Beim Verkosten Ihres selbstgebrauten Bieres gibt es immer viele „Helfer" – warum nicht auch beim Brauen? Besonderes Augenmerk sollten Sie jedoch auf die Einhaltung **peinlichster Hygiene** der Arbeitsräume und der verwendeten Brauutensilien legen. Sollten Sie beabsichtigen, öfters zu brauen – wovon wir ausgehen –, empfiehlt es sich, die Geräte nur für das Brauen Ihres Bieres zu verwenden oder sich dafür eigene Geräte zu besorgen, da Bakterien und Rückstände, z.B. von Konfitüre, zu Fehlgärungen Ihres Bieres führen könnten.

GERÄTE FÜR DAS BRAUEN ZU HAUSE

Die folgende Aufstellung gibt Ihnen einen kurzen Überblick, welche Geräte unbedingt für das Brauen zu Hause notwendig sind. Gerade bei den Geräten für Ihre **Heimbrauerei** sind Ihrem bastlerischen Geschick und Ihrem Einfallsreichtum keine Grenzen

Das Brauen zu Hause

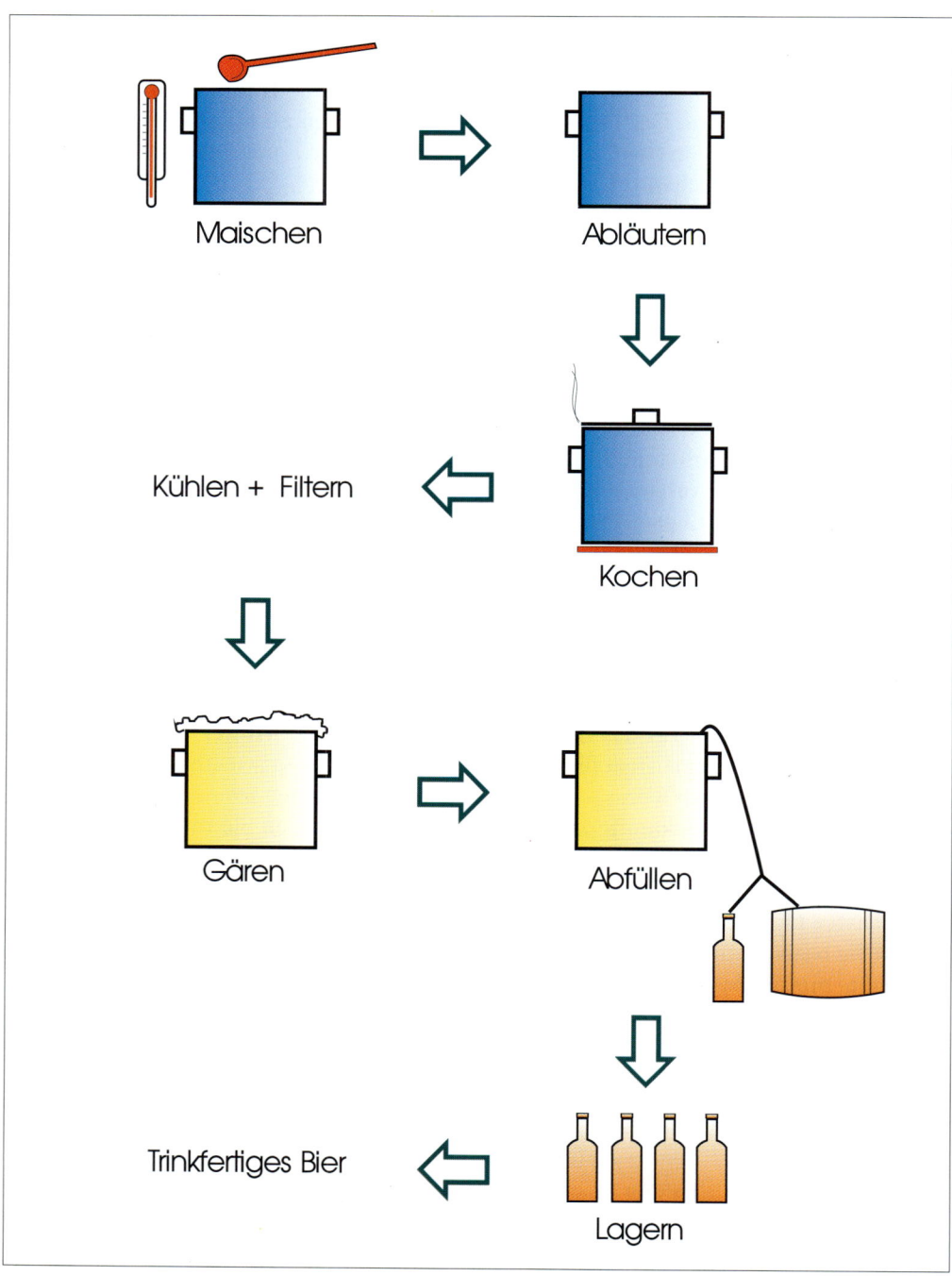

Maischen

Abläutern

Kühlen + Filtern

Kochen

Gären

Abfüllen

Trinkfertiges Bier

Lagern

Kochtopf, Thermometer, Kochlöffel, Jod, Stoffwindeln, pH-Indikatorpapier

Obstentsafter als „Läuterbottich"

gesetzt. Im einschlägigen Fachhandel gibt es auch sogenannte **Einsteigersets,** die einen Kochtopf, Filterstoffe, einen lebensmittelechten Gärbottich aus Plastik mit einem integrierten Ablaßventil sowie ein Kochthermometer, eine Bierspindel und ein Gärthermometer enthalten. Ebenso sind für die Jodprobe ein Fläschchen Jod bzw. 1%ige Kaliumjoditlösung (jodfärbig, nicht farblos!) und zum Testen des Brauwassers ein Päckchen pH-Indikatorpapier beigefügt und meist auch eine Erstausstattung Hopfen, Malz und Brauhefe für den ersten Brauversuch.

Unbedingt notwendige Geräte

- **1 Einkochtopf** mit einem Fassungsvermögen von 15–20 Litern, welcher als Maischekessel genauso verwendet werden kann wie als Sudkessel zum Kochen der Würze und auch als Gärbottich eingesetzt wird. Besonders geeignet sind sogenannte **Entsafter,** wie sie zur Erzeugung von Fruchtsäften verwendet werden. Hier gibt es sogar Spezialanfertigungen, welche einen Inhalt von rund 20 Litern aufweisen und über einen Thermostat und eine integrierte Zeituhr verfügen. **Schnapsbrenner,** mit einem eigenen **Brennkessel,** der zumeist eine Kapazität um 50 Liter oder auch mehr aufweist, können selbstverständlich auch in diesem die Maische zubereiten und die Würze kochen. Solche Brennanlagen haben, wenn sie elektrisch betrieben werden, auch die Möglichkeit einer genauen Temperaturregelung.
- **1–2 Plastikkübel** mit einem Gesamtfassungsvermögen von ebenfalls 15–20 Litern, die beim Trennen der Maische (Abläutern) und beim Filtern der Würze nach dem Kochen verwendet werden. Besser noch ist die Verwendung eines lebensmittelechten Gärbottichs aus Plastik, welcher verhindert, daß sich schädliche Stoffe aus dem Kunststoff lösen. Die kochende Würze hat doch mehr als 100° C und kann bei nicht lebensmittelechten Kunststoffen sogenannte Weichmacher (Chemikalien) aus dem Kunststoff lösen.
- **1 Nudelsieb,** mit dem die groben Treberbestandteile bereits **grob gefiltert** werden können, so daß Stoffwindeln und Industriefilter nicht gleich verstopft werden.
- **3–4 Stoffwindeln** oder engmaschige **Textilstoffe** bzw. **Industriefilter** zum Abläutern und Filtern der Würze.
- **1 großer Kochlöffel** (Holz oder Plastik) zum Umrühren der Maische und der Würze.
- **20 Stück Wäscheklammern** zum Befestigen der Stoffwindeln an den Plastikkübeln.
- **4 Stück Gefrierakkus** aus Kühltaschen oder 2 Stück **1,5 l Plastikgetränkeflaschen,** die, mit Salzwasser gefüllt, tiefgekühlt werden, damit die Würze möglichst rasch auf die gewünschte Gärtemperatur abgekühlt werden kann.
- **1 Gummi-** bzw. **Plastikschlauch** (ca. 1,5 m) zum Abfüllen des fertigen Bieres.
- Ausreichend **Bügelflaschen, Partyfässer** oder andere **Flaschen,** mittels derer eine Lagerung ohne Entweichen der Kohlensäure möglich ist, zum Lagern des fertigen Bieres.
- **1 Einkochthermometer,** das genau die Temperaturen im Bereich von 50–100° C anzeigt.

- **1 Kinderbadethermometer,** das für die Überwachung der richtigen Gärtemperatur notwendig ist. Temperaturbereich von 0–30° C.
- **1 Fläschchen standardisierte Jodlösung** für die „Jodprobe", damit die Verzuckerung des Malzes überprüft werden kann, oder **1%ige Kaliumjoditlösung** (jodfärbig, nicht farblos!). Diese chemischen Reagenzien sind in jeder Apotheke oder im einschlägigen Fachhandel erhältlich.
- **1 Päckchen pH-Indikatorpapier** zum Prüfen des pH-Wertes des Brauwassers. Sie können den pH-Wert Ihres Wassers aber auch bei Ihrem lokalen Wasserwerk erfragen.
- **1 Bierspindel** zur Bestimmung des Stammwürzegehaltes und auch des richtigen Zeitpunktes zum Abfüllen des Bieres. Es gibt bereits Bierspindeln mit integrierter Temperaturanzeige, die dann das Kinderbadethermometer überflüssig machen. Diese Bierspindeln sind zumeist auf eine Temperatur von 20° C geeicht.

Nützliche zusätzliche Geräte

Nach den ersten Brauversuchen werden Sie feststellen, daß es bei den oben beschriebenen Geräten, welche nur die Grundausstattung bilden, bei größeren Braumengen Schwachstellen gibt. Gerade das **Abläutern** ist eines der größten Probleme beim Brauen zu Hause, aber es kann mit einigem Bastelaufwand gelöst werden. An Stelle der Stoffwindeln eignen sich **Industriefilter** oder **Gazenetze** mit einem Lochdurchmesser von 1 mm, welche zu einer besseren Klärung der Würze von den Trübstoffen des Malzes führen.

- Ein eigener **Läuterbottich** mit einem integrierten Ablaßventil erleichtert das Trennen von Maische und Würze ebenfalls wesentlich. Siehe dazu die Skizze für das Selbermachen eines Läuterbottichs im Kapitel Läuterbottich, Seite 72ff.
- Ein eigenes **Gärgefäß** (Mostfaß), das auch als **Läuterbottich** verwendet werden kann, mit einem Ablaßventil erleichtert das Abfüllen des fertigen Bieres. Achten Sie besonders darauf, daß dieses Gärgerät unbedingt aus **lebensmittelechtem Kunststoff** besteht, da sich sonst bei der alkoholischen Gärung (bei nicht lebensmittelechten Kunststoffen) gesundheitsschädliche Stoffe aus dem Kunststoff lösen können.
- Bei untergärigen Bieren ist der Umbau eines **Kühlschrankes** in einen **gekühlten** Gärbottich zu empfehlen, da nur mittels elektrischer Kühlung ganzjährig eine untergärige Biererzeugung möglich ist. Bei entsprechend niedrigen Temperaturen kann im Winter auch eine Vergärung ohne künstliche Kühlung erfolgen.

Bevor Sie mit dem Brauen beginnen – und auch bei jedem weiteren Brauvorgang –, überprüfen Sie, ob alle Geräte und Hilfsmittel verfügbar bzw. voll funktionsfähig sind!

Erforderliche Brauutensilien

Ein Gefäß für offene und geschlossene
Gärung mit einem Kugelventil zum
Abfüllen des fertigen Bieres

DIE ARBEITSRÄUME

Für das Brauen zu Hause wird in den meisten Fällen die **Küche** als Ort Ihrer Brauversuche Verwendung finden. Zu berücksichtigen ist vor jedem Brauen, daß bei jedem Brauversuch die Küche – und hier vor allem der Herd – zumindest **4–5 Stunden blockiert** ist. In der Brauerei sind die einzelnen Arbeitsschritte beim Brauprozeß bewußt getrennt, da im Sudhaus und im Gärkeller bei der Filterung des Bieres und beim Abfüllen unterschiedliche Voraussetzungen und Temperaturen herrschen sollen. Auch das sollten Sie beim Brauen zu Hause berücksichtigen und sich entsprechende Räumlichkeiten suchen. Am besten geeignet ist sicherlich ein eigener **Arbeits-** oder ein **Hobbyraum,** der über einen gesonderten **Strom-Wasser-** und **Kanalanschluß** verfügen sollte. Dort läßt sich ungestört und ohne lästigen Zeitdruck brauen, und Sie müssen auf Einschränkungen wie in der Küche keine Rücksicht nehmen.

Selbstverständlich werden Sie mit den bei Ihnen vorhandenen Räumlichkeiten auskommen müssen, wobei sicherlich gewisse Abstriche vom Optimum zu machen sind.

Gerade aber der **Raum für die Gärung** benötigt einige spezielle Anforderungen. Auch wenn keine elektrische Kühlung bei obergärigem Brauen notwendig ist, ist eine Raumtemperatur von rund 15° C wünschenswert. Ein **Kellerraum** erfüllt diese Anforderungen leichter als die Küche, wo meist Temperaturen über 20° C herrschen. Selbstverständlich können Sie die Gärtemperatur mittels **Kühlakkus** oder eingefrorenen Plastikflaschen regulieren, aber ein kühler Gärkeller ist auf jeden Fall besser.

Ganz verschweigen wollen wir nicht, daß das Brauen zu Hause auch Schmutz macht. Einerseits entsteht bereits **beim Schroten** des Malzes **Staub,** andererseits bildet sich beim Maischen des Malzes Zucker, der bekanntlich in flüssiger Form recht klebrig ist. Beim Abläutern und beim Filtern der Würze ist es auch nicht ganz zu vermeiden, daß einige Tropfen dieser **süßlich-klebrigen Flüssigkeit** verschüttet werden und dann die Arbeitseinrichtungen – und hier vor allem wieder den Herd – **verschmutzen.** Vorsicht bei Ceranfeldern von E-Herden! Wenn sich diese zuckerhaltige Lösung in die Keramikplatte einbrennt, lassen sich die Rückstände nur sehr schwer wieder entfernen!

Im **Sommer** kann auch im **Garten** oder auf dem Balkon gebraut werden, ganz gewiß eine Attraktion für ein gemütliches Grillfest mit Freunden, das den Vorteil bietet, daß die Schmutzentwicklung im Haus hintangehalten wird. Zur Gärung eignen sich bestens **kühle Kellerräume,** weniger hingegen Garagen und Abstellräume. Da Bier sehr gerne Fremdgerüche annimmt, kann es durch Benzin- und Lackdämpfe zu ungewollten Geschmacksbeeinträchtigungen im fertigen Bier kommen.

KOCHSTELLEN

Um Ihre Maische und anschließend die Würze bei entsprechender Temperatur zu kochen, benötigen Sie eine **Kochstelle,** die in vernünftiger Zeit ausreichende Energie liefert, um die gewünschten und vorgesehenen Temperaturen erreichen und halten zu können. Ob Sie dabei einen **Gasherd** oder einen **E-Herd** verwenden, ist nebensächlich. Die Leistung der Geräte muß ausreichen, um das Kochen der Würze sicherzustellen. Als unterste Leistungsgrenze sind 1000–1500 Watt anzusehen. Die Energiezufuhr sollte so rasch vor sich gehen, daß eine Temperaturzunahme im Maischevorgang von 1° C pro Minute möglich ist.

Beide Herdarten haben **Vor-** und auch entsprechende **Nachteile.** Der Gasherd bietet den entscheidenden Vorteil, daß die Temperatur meist leichter regulierbar ist, da man durch Ein- und Ausschalten die vorgesehenen Temperaturen exakt bestimmen kann. Bei Elektroherden speichert die Platte Restenergie, und auch bei entsprechender Regulierung gibt sie diese Restwärme ab, was zumeist zu einem Ansteigen der Temperatur während der Rastzeiten über die vorgesehene Rasttemperatur hinaus führt. Durch Ausschalten vor Erreichen dieser gewünschten Temperatur läßt sich die Restwärme energetisch besser nutzen, und der Kochtopf muß nicht immer bei Erreichen der gewünschten Temperatur von der Kochstelle entfernt werden.

Eine als optimal anzusehende Kochstelle ist ein **elektrischer Entsafter** mit **integriertem Thermostat,** der über einen doppelten Boden elektrisch beheizt wird. Diese Entsafter für Fruchtsäfte gibt es auch mit einer eingebauten **Zeituhr,** so daß die gewünschte Rastzeit und Temperatur vorgegeben und exakt eingestellt werden können. Eine halbautomatische Heimbrauerei! Eine ganz tolle Kombination ist die Verwendung von **Brennanlagen von Schnapsbrennern** für das Maischen und Kochen der Würze. Dabei läßt sich die Temperatur exakt regulieren, und die Kapazitäten für das Brauen decken sich zumeist mit jenen Mengen, die beim Schnapsbrennen benötigt werden. Ein weiterer Vorteil ist – da ja die Schnapsbrennanlagen nicht ganzjährig genutzt werden – die bessere Auslastung dieser technischen Anlagen.

Wenn Sie einen eigenen **Arbeits-** oder **Hobbyraum** für Ihre Brauversuche benutzen, sollten Sie – so dort kein alter Herd vorhanden ist – einen **Campingkocher** mit Gas oder eine **Elektroplatte** mit entsprechender Leistung verwenden. Reicht die Leistung dieser kleinen Kocher nicht aus, die Würze wallend zu kochen, können Sie sich auch mit einem elektrischen Tauchsieder behelfen, der zusätzlich in die Würze gehängt wird. Normalerweise reicht aber die Leistung dieser Elektroplatten und Gaskocher, um 20 Liter Würze in vernünftiger Zeit zum Kochen zu bringen.

Um Energie zu sparen und um die Kochtemperatur leichter und schneller zu erreichen, sollten Sie Ihren Maische- und Würzetopf auch immer mit einem **Deckel** verschließen. Während des Maischevorganges müssen Sie aber auf das ständige Umrühren der Maische achten, damit sie nicht am Boden des Maischebottichs anbrennt. Daher werden

Sie den Kochdeckel immer wieder entfernen; hingegen wird beim Würzekochen **nach Erreichen der Kochtemperatur** und der Beigabe des Hopfens der Kochdeckel entfernt, damit die überschüssigen Hopfenöle aus der kochenden Würze entweichen können. Diese würden dem Bier sonst einen zu bitteren Geschmack verleihen. Dadurch wird andererseits auch die Gefahr gemindert, daß die kochende Würze zu sehr wallt und überkocht.

Achten Sie vor allem auch darauf, daß Ihr Kochgefäß möglichst plan auf der Kochplatte aufliegt, da nur so eine optimale Übertragung der Energie von der Kochplatte in den Kochtopf erfolgen kann!

Hygiene

Ein ganz wichtiges Kapitel beim Bierbrauen ist die **Reinlichkeit** und die entsprechende **Pflege** der **Braugeräte.** Bier wird unter Verwendung lebender Substanzen (Hefen) produziert, die äußerst sensibel auf nicht optimale Braubedingungen reagieren. Hygienebedingte Verunreinigungen, wie **Schimmel, Bakterien** – beim Bierbrauen vor allem die von den Brauern seit Jahrhunderten gefürchteten **Milchsäurebakterien** – und Schmutz führen nicht nur zu Geschmacksbeeinträchtigungen, die keine reinen Aromen im Bier ergeben, sondern bis hin zu **Fehlgärungen,** die Ihr Bier völlig ungenießbar machen. Ihre ganze Mühe und Ihr Aufwand können daher bei mangelhafter Hygiene umsonst sein, da Ihr Bier dann verdorben ist und auch mit keinen technischen Hilfsmitteln wieder genießbar gemacht werden kann. So ein verdorbenes Bier kann nur entsorgt werden! Achten Sie daher besonders im Brau- und im Gärraum darauf, daß hygienisch möglichst einwandfreie Verhältnisse herrschen.

Wie schon mehrfach erwähnt, sind in der normalen Raumluft noch genügend „wilde" **Hefen** vorhanden, die zu einer **spontanen Gärung** führen können. Diejenigen Hefen, welche sich zuerst durchsetzen, gewinnen die Oberhand und unterdrücken die erwünschte Arbeit der von Ihnen beigegebenen **Reinzuchthefen.** Bei gewissen Spezialbieren *(belgische Lambic-* und *Gueuzebiere)* wird diese **Spontangärung** hingegen bewußt herbeigeführt, erfordert aber vom Brauer sehr viel Fingerspitzengefühl und Erfahrung. Auch die *Berliner Weiße* wird mit einer Mischung aus Hefe und der sonst unerwünschten und von den Brauern gefürchteten Milchsäure erzeugt.

Alle Geräte, die direkt mit dem Bier in Berührung kommen, wie Topf, Kübel, Gärbehälter, Kochlöffel, Thermometer, Siebe und Filter oder die Bierspindel, sollten peinlichst genau gesäubert und möglichst **frei von Keimen** und **Bakterien gehalten** werden. Reinigen Sie daher Ihren Maische- und Würzetopf nach jedem Brauen gründlich mit heißem Wasser! Spülen Sie anschließend noch intensiv mit kaltem Wasser nach, und vor jedem weiteren Brauen schwemmen Sie diesen Topf wieder gründlich mit heißem Wasser aus!

In den Brauereien werden zum Reinigen der Braugeräte – der Braukessel, Leitungen, Bottiche und Gärtanks – eigene **Spezialreiniger** verwendet, und nach diesen Reinigungsmaßnahmen wird alles noch einmal gründlich mit heißem und anschließend kaltem Wasser nachgespült, damit die Rückstände aus den Geräten und Leitungen entfernt werden. Die im Haushalt verwendeten **fetthaltigen Haushaltsreiniger** (Geschirrspülmittel) sind für die Pflege der Braugeräte nicht zu empfehlen, da die fetthaltigen Rückstände an den Utensilien haften bleiben und sich beim Brauvorgang in der Maische und Würze lösen können. Diese fetthaltigen Reinigungsmittel zerstören die **Oberflächenspannung des Wassers** und führen dazu, daß sich beim Einschenken Ihres selbstgebrauten Bieres kein ordentlicher Schaum bilden kann. Das gleiche gilt übrigens auch für Flaschen und Biergläser, die ebenfalls nicht mit diesen Reinigern oder im Geschirrspüler gesäubert werden sollten! Die Gastronomie verwendet Spezialreiniger, und Sie haben sicherlich bemerkt, daß in guten Gaststätten der Wirt vor dem Einschenken des Bieres das leere Glas noch einmal gründlich mit kaltem Wasser ausspült, um eventuell anhaftende Spülmittelrückstände zu entfernen. Auch **Reiniger auf Essigbasis** eignen sich für Braugeräte nicht, da die Gefahr besteht, daß Essigbakterien das Bier sauer machen. Unbedenklich und für die Pflege zu Hause gewiß ausreichend ist die Verwendung von **Soda** zum Reinigen Ihrer Brauutensilien.

Im Gastronomiefachhandel und auch bei den Anbietern von Heimbrauartikeln (siehe Bezugsquellenverzeichnis, Seite 163ff.) gibt es die verschiedensten Reinigungs- und Sterilisationsmittel, um optimale hygienische Bedingungen für das Brauen zu Hause zu schaffen. Meist wird es aber reichen, die Geräte nach jedem Brauvorgang gründlich mit heißem Wasser und eventuell **etwas Sodalösung** zu reinigen und gut mit klarem, kaltem Wasser nachzuspülen.

SCHROTEN DES MALZES

Im vorigen Kapitel – beim Brauvorgang in der Brauerei – haben Sie einen kurzen Überblick über den Malzvorgang (Mälzen) erhalten, der heute von den meisten Brauereien durchgeführt wird. Für das Brauen zu Hause benötigen Sie nicht die riesigen Mengen wie eine gewerbliche oder industrielle Brauerei, die ihr Malz in Waggonladungen von den Mälzereien direkt bezieht. Im **Bezugsquellenverzeichnis** auf Seite 163ff. finden Sie eine Übersicht über **Anbieter** von Malz, Hopfen und Hefe, die sich darauf spezialisiert haben, den rasant wachsenden Markt der Heimbrauer zu beliefern. Diese Zwischenhändler kaufen größere Mengen Malz, zerkleinern (schroten) dieses und verpacken es in handliche Mengen. Auch stellen sie verschiedene **Malzmischungen** für die unterschiedlichsten Biere zusammen und bieten meist auch alle technischen Geräte, wie Bierspindeln, Thermometer, Flaschen, Reinigungsmittel und Fachliteratur an. Selbstverständlich hat diese Arbeit auch ihren Preis, und mit dem Klein-mengenzuschlag und den nicht unbeträchtlichen Versandkosten kommt dann Ihr Selbstgebrautes ganz schön teuer.

Sollte in Ihrer Nähe eine kleine **Hausbrauerei** oder gar eine gewerbliche Brauerei sein, empfehlen wir Ihnen, mit dem dort zuständigen **Braumeister** oder **Gastwirt** Kontakt aufzunehmen und ihn um Malz, Hopfen und Hefe für Ihre Brauversuche zu bitten. Nach unseren Informationen sind die meisten dieser kleinen Hausbrauereien gerne be-reit, Ihnen die benötigte Malzmenge gegen Bezahlung zu überlassen, und oft ent-wickelt sich auch ein Gespräch mit dem örtlichen Braumeister, der Ihnen als Fachmann sicher einige nützliche Tips geben wird. Denn auch bei den Brauereien hat sich die Er-kenntnis durchgesetzt, daß Sie – als kleiner Hausbrauer – mit einer Kapazität von rund 20 Litern **keine Konkurrenz** für die jeweilige örtliche Brauerei darstellen. Im Gegen-teil: je mehr Sie über die Biererzeugung und die Braugeheimnisse Bescheid wissen, um so mehr können Sie ein gut gebrautes und ausgeschenktes Bier auch würdigen. Der Bezug über diese Quellen ist naturgemäß wesentlich günstiger, da kein Transport und keine Bearbeitung anfallen. Auch haben Sie dabei die Garantie, daß das Braumalz frisch geschrotet ist und nicht durch lange Transportwege gelitten hat.

Wie wir in Erfahrung bringen konnten, sind mittlerweile auch **große Mälzereien** be-reit, Detailkunden mit Braumalz zu beliefern, bzw. kann man es dort abholen. Da die Mindestabgabemenge aber ein Sack mit 50 Kilogramm ist, empfiehlt es sich, eventuell mit einem oder mehreren Braukollegen gemeinsam das Malz zu kaufen. Ungeschrote-

Getreidemühle: geeignet zum Schroten von Malz

tes Malz, wie es von den Mälzereien abgegeben wird, hält sich auch einige Zeit, während bereits geschrotetes Malz nur beschränkt lagerfähig ist, da die Enzyme nach einiger Zeit inaktiv werden und die Stärke dann nicht mehr in Malzzucker aufspalten können. Ein Nachteil beim Kauf ungeschroteten Malzes ist aber, daß Sie dieses erst vor dem eigentlichen Brauen zerkleinern (schroten) müssen, was zu Hause zum Teil beträchtliche Schwierigkeiten bereitet. Die Brauereien besitzen dafür eigene **Schrotmühlen,** welche das Braumalz in jeder gewünschten Größe zerquetschen. Sollten Sie über eine Getreidemühle verfügen, wie sie für das Mahlen von Getreide zum Brotbacken oder für die Müslizubereitung verwendet wird, können Sie damit auch Ihr Braumalz schroten, indem Sie die Schrotmühle auf die gröbste Stufe einstellen. Für 10–20 Liter Bier läßt sich das Malz problemlos mit diesen Mühlen schroten. Einige **Mehrzweckküchenmaschinen** besitzen einen Aufsatz, um damit Getreide in **Flocken** zu zerkleinern. Damit können Sie ebenfalls Ihr Braumalz schroten, wobei aber ziemlich viel Staub entsteht, da diese Geräte meist nicht in geschlossenen Systemen arbeiten. Händisch betriebene Kaffeemühlen eignen sich bedingt auch noch zum Zerkleinern, doch der Arbeitsaufwand für 3–5 kg Malz ist nicht unbeträchtlich. Gänzlich **ungeeignet** hingegen sind **elektrische Kaffeemühlen,** da sich bei diesen die Zerkleinerung nicht regulieren läßt und die zu schrotende Menge die Leistung der Maschine hoffnungslos überfordert. Küchengeräte, wie **Raspeln** zum Reiben von Nüssen und **Quetschen** zur Erzeugung von Flocken aus Getreide, eignen sich unter gewissen Einschränkungen ebenfalls zum Zerkleinern des Malzes.

Wie bereits im Kapitel über das Schroten in der Brauerei erklärt, besteht auch die Möglichkeit, Malz nach dem **Einweichen in Wasser** über Nacht oder zumindest einige Stunden lang ohne größere Staubentwicklung zu zerkleinern. Das Wasser aber sollte nicht mehr als 8–10° C haben, damit die Enzyme nicht vorzeitig zu arbeiten beginnen. Das so geschrotete Malz ist jedoch nicht lagerfähig und muß sofort weiterverarbeitet werden.

Am einfachsten ist es daher, sich bereits geschrotetes und anschließend vakuumverpacktes Malz zu besorgen!

EINMAISCHEN DES MALZES

Nachdem wir bisher die rein technischen Voraussetzungen für das Brauen zu Hause, wie die Arbeitsräume, die Hygiene und die Brauutensilien, besprochen haben, beginnen wir jetzt mit der Beschreibung des eigentlichen Brauvorganges.

Der erste Arbeitsschritt ist – wie auch in der Brauerei – das **Maischen** oder **Einmaischen des Malzes.** Dabei wird das geschrotete Malz mit dem bereits aufbereiteten Brauwasser (Härtegrad des Brauwassers und pH-Wert des Wassers müssen stimmen) vermischt und unter ständigem Rühren mit dem Kochlöffel die Temperatur im Einkochtopf – je nach eingesetztem Brauverfahren – auf die **Einmaischtemperatur** von 35–50° C erhöht. Die ständige Bewegung, welche in der Brauerei ein elektrisches Rührwerk übernimmt, ist deswegen notwendig, damit sich einerseits das Malz nicht am Boden des Einkochtopfes anlegt und dort **anbrennt,** andererseits lösen sich durch die mechanische Bewegung auch die brauwichtigen Bestandteile besser im Brauwasser.

Die in den Rezepten angegebenen **Wassermengen** für das Einmaischen sind nur ungefähre Angaben; die Maische sollte einerseits nicht zu dick sein, damit sie sich, wie gesagt, im Braukessel nicht anlegen kann, andererseits aber auch nicht zu dünnflüssig, da der Energieaufwand zum Erhitzen einer größeren Menge Maische dann deutlich höher liegt. Ist die jeweilige Einmaischtemperatur erreicht, folgt eine Rastzeit von rund 15 Minuten, die sogenannte **Eiweißrast.** In dieser Rastzeit quillt das geschrotete Braumalz im Brauwasser, und die Enzyme des Malzes werden durch das Brauwasser und die Wärme aktiviert. Jetzt breitet sich auch ein angenehmer Geruch – ähnlich dem nach Ovomaltine – im Brauraum aus. Man kann sich aber nur schwer vorstellen, wie aus diesem recht unansehnlichen, hellbraunen Brei, der nach dem Kindergetränk duftet, einmal ein herbes, klares Bier entstehen soll.

Nach der Eiweißrast wird die Temperatur der Maische – wieder unter ständigem Rühren – auf 64° C erhöht. Bei dieser Temperatur beginnt die Maltosebildung (Malzzucker), daher nennt man die jetzt folgende Rastzeit von ca. $\frac{1}{2}$ Stunde auch **erste Verzuckerungsrast.** Neben der Prüfung mittels Jodprobe können Sie die Bildung von Maltose auch durch **Verkosten** der Flüssigkeit testen. Sie werden feststellen, daß diese Maischeflüssigkeit mit Fortschreiten des Maischeprozesses, so die Enzyme des Braumalzes richtig arbeiten, immer süßer werden wird. Exakter und auf jeden Fall verläßlicher ist jedoch die Durchführung der **Jodprobe.**

Mit ihrer Hilfe überprüfen Sie in einem chemischen Versuch, ob sich aus dem Braumalz durch die Enzyme Maltose und Dextrin bilden. Diese Jodprobe, welche bei der ersten sowie der zweiten Verzuckerungsrast durchgeführt werden muß, wird im Anschluß an den Maischevorgang noch genauer und ausführlich beschrieben. Unabhängig vom Brauverfahren – ob Infusions- oder Dekoktionsverfahren – ist die Jodprobe auf jeden Fall durchzuführen!

Nach der ersten Verzuckerungsrast wird jetzt die Temperatur der Maische auf 72° C angehoben, woran sich wieder eine Pause, die **zweite Verzuckerungsrast,** von nochmals $\frac{1}{2}$ Stunde anschließt. Bei dieser zweiten Verzuckerungsrast bildet sich jetzt **Dextrin,** neben Maltose die zweite Zuckerform, die durch die Enzyme des Braumalzes entsteht. Um ganz sicher zu gehen, daß genügend vergärbarer Zucker entstanden ist, muß anschließend wieder die Jodprobe durchgeführt werden.

Nach dieser zweiten Verzuckerungsrast wird die Temperatur abschließend noch auf 78° C erhöht, wieder mit einer daran anschließenden Rastzeit von $\frac{1}{2}$ Stunde, nach der dann der erste Schritt beim Bierbrauen zu Hause, das Maischen, beendet ist.

Dekoktionsverfahren

Im Unterschied zum vorhin beschriebenen Infusionsverfahren, bei dem die Temperatur durch ständiges Erwärmen der Maische erhöht wird, werden beim jetzt beschriebenen **Dekoktionsverfahren** Teile der Maische nach dem Einmaischen dem Maischegefäß entnommen und in einem gesonderten Kochgefäß zum Kochen gebracht. Als Faustregel gilt, daß man rund ein **Drittel** der Maische entnimmt und **zerkocht.** Bei diesem Kochvorgang wird das Malz der Maische stärker zerkocht als beim Infusionsverfahren, dadurch ist auch die Ausbeute an fertigem Bier bei gleicher Menge Malz um einiges höher als beim wesentlich einfacheren Infusionsverfahren.

An technischen Voraussetzungen – um dieses Dekoktionsverfahren zu Hause beim Brauen anzuwenden – ist zumindest noch ein **zweiter Kochtopf** notwendig, in dem ein Teil der Maische gekocht wird. Durch das Umleeren von einem Kochtopf in den anderen ist dieses Verfahren für Verschmutzungen der Arbeitsräume anfälliger. Die zuckerhältige, klebrige Flüssigkeit spritzt beim Umleeren gerne aus den Kochbehältern. In den Brauereien wird die kochende Maische ja über Pumpen wieder in die Maischepfanne zurückgepumpt; es herrscht also ein geschlossenes System.

Achten Sie bei diesem Maischeverfahren besonders auch darauf, daß durch das Beigeben der kochenden Maische die Temperatur der gesamten Maische nicht über **72° C ansteigt,** da sonst die Enzyme des Braumalzes abgetötet werden würden.

Dieser Vorgang der Entnahme und des gesonderten Kochens dieses Teiles der Maische wird solange fortgesetzt, bis die Temperatur der Gesamtmaische 78° C erreicht hat. Daran schließt sich – wie beim Infusionsverfahren – noch eine Rastzeit von rund einer halben Stunde, bevor die Maische geläutert wird.

Inwieweit Sie bei Ihren Brauversuchen zu Hause das Dekoktionsverfahren anwenden wollen, müssen Sie für sich entscheiden. Einerseits ergibt es eine etwas **höhere Ausbeute,** und es läßt sich eine **größere Geschmacksvielfalt** erzielen als beim Infusionsverfahren. Andererseits erfordert dieses Maischeverfahren aber schon einiges an Erfahrung, um die richtige Menge bei der Entnahme und die Temperatur bei der Rückführung der Maische abschätzen zu können. Auch wird in Summe etwas mehr **Energie notwendig** sein, damit die Temperatur der Maische mit diesem Verfahren bis auf 78° C erhöht wird; einerseits, da Energie verlorengeht, wenn der Maischetopf nicht entsprechend isoliert ist, andererseits, um den Teil der Maische zum Kochen zu bringen.

Für erste Brauversuche empfehlen wir Ihnen das einfachere Infusionsverfahren. Wenn Sie schon einige Erfahrung mit dem Brauen haben, können Sie sicherlich auch mit dem Dekoktionsverfahren experimentieren.

Jodprobe

Mittels der Jodprobe wird überprüft, inwieweit sich aus dem Braumalz bereits Maltose und Dextrin gebildet haben. Diese beiden Formen des Zuckers sind notwendig, damit sie anschließend bei der alkoholischen Gärung durch die Hefen in Alkohol und Kohlensäure aufgespaltet werden können. Eigentlich – chemisch richtig gesagt – prüft man nicht die Zuckerbildung, sondern den **Stärkeabbau im Braumalz** und schließt durch einen Umkehrschluß auf die Bildung der beiden Einfachzucker Maltose und Dextrin. Ist nämlich noch zuviel Stärke in der Maische enthalten, färbt sich die Jodlösung bei der Jodprobe **violett** bis **dunkelblau,** wohingegen wenig Stärke zu einer **Gelbfärbung (strohgelb)** dieser Probe führt.

Die Durchführung der Jodprobe ist trotz des sehr technisch und kompliziert klingenden Namens sehr einfach. Man entnimmt der Maische einige Tropfen Flüssigkeit und tropft diese auf einen weißen Teller oder eine weiße Untertasse (siehe Foto Seite 68). In diese Flüssigkeit (Achtung: keine festen Bestandteile!) wird 1 Tropfen Jodlösung (1%iges Kaliumjodit, jodfärbig, nicht farblos!) getropft und durch Schwenken des kleinen Tellers mit der Flüssigkeit vermischt. Besonders gut geeignet zur Durchführung der Jodprobe ist auch standardisierte Jodlösung, die unter dem Namen **Betaisodonalösung** zur Desinfektion von Wunden eingesetzt wird und sicher in jeder Apotheke erhältlich ist. Je nach **Verfärbung** der Flüssigkeit können Sie den Stand der Verzuckerung feststellen. Unbedingt sollte die Jodprobe, die nur einige Minuten Zeit erfordert, nicht nur einmal durchgeführt werden, sondern bei mehreren verschiedenen Temperaturen, damit Sie den **Verzuckerungsprozeß** und **-verlauf** nachvollziehen können. Zumindest nach der zweiten Verzuckerungsrast bei 72° C sollte einmal geprüft werden. Besser jedoch sind zusätzliche Proben bei 64° C bereits nach der ersten Verzuckerungsrast und bei 78° C.

Bleibt nämlich die Maischeprobe blau, und schmeckt sie beim Verkosten kaum süß, hat die Umwandlung des Malzes durch die Enzyme in Malzzucker nicht – oder noch nicht – stattgefunden. Haben sich aber kein Malzzucker und kein Dextrin gebildet, kann in späterer Folge auch keine Aufspaltung dieser Flüssigkeit durch die Brauhefe in Alkohol und Kohlensäure erfolgen! In den meisten Fällen wird es nach einiger Zeit zu einer **Gelbfärbung** der Maischeprobe kommen. Tritt diese aber überhaupt nicht ein, kann dies entweder am Malz – und da wiederum an den schlechten Enzymen – liegen (zu lange Lagerung des geschroteten Braumalzes zerstört die Enzyme), oder Sie haben die Einmaischtemperaturen und die vorgeschriebenen Rastzeiten nicht exakt eingehalten, so daß die Enzyme die Stärke des Braumalzes nicht aufspalten konnten. In beiden Fällen, welche nur selten eintreten, ist diese Maische **für jede weitere Biererzeugung ungeeignet und kann nicht mehr weiterverwendet werden.** Sie ist zu entsorgen und eine neue Maische herzustellen.

Einmaischen

Jodprobe: es hat noch keine
Verzuckerung stattgefunden

Jodprobe: Beginn der Verzuckerung

Jodprobe: Gelbfärbung bedeutet, es hat
sich aus dem Malz Malzzucker gebildet

Sie sehen also, wie wichtig dieser kleine Ausflug in die Chemie, zur Jodprobe, ist, damit Sie schon während des Maischens des Braumalzes die Garantie haben, daß aus diesem Sud tatsächlich Bier entstehen wird. Noch einmal möchten wir Sie auf die Aufzeichnungen im Brauprotokoll verweisen, in das auf jeden Fall auch das Ergebnis der Jodprobe bei den jeweiligen Temperaturen einzutragen ist. Nur so wird im nachhinein gewährleistet, daß Sie die eventuell gemachten Brau- und Gärfehler auch eindeutig zuordnen und in Zukunft verhindern können. Fällt die Jodprobe positiv aus, können Sie Fehler bis hierher ausschließen, da sich ja Maltose und Dextrin gebildet haben.

LÄUTERN DER MAISCHE

Im Anschluß an den Maischevorgang erfolgt, wie beim Brauen in der Brauerei, auch das **Läutern** der Maische. Unter Läutern versteht man das Trennen der festen Bestandteile **(Treber)** von den flüssigen **(Würze)** der Maische. In den Brauereien ist dieser Läuterprozeß ein sehr zeitaufwendiger Vorgang, bei dem die Maische in einen eigenen **Läuterbottich** umgepumpt wird, der am Boden kleine Löcher besitzt, durch welche die flüssige Würze abfließen kann, um dann in der Würzepfanne, mit dem Hopfen vermischt, gekocht zu werden. Dieser Vorgang dauert in den Brauereien rund 3–4 Stunden; dabei werden die festen Bestandteile des Trebers als natürlicher Filter benutzt, durch den die Würze durchfließen muß.

Für erste Brauversuche eignen sich **Stoffwindeln,** die, über einen Kübel gespannt, als Filterstoff verwendet werden. Sie werden dabei mit Wäscheklammern am Rand des Kübels befestigt. Drücken Sie mit der Hand eine Mulde von rund 10 cm Tiefe in die Mitte der Windel, damit Sie sehen können, wann der Kübel voll ist. Eine wesentliche Erleichterung und Verbesserung vom Arbeitsablauf her ist es, vor dem Filtern über die Stoffwindeln eine grobe Trennung der Würze vom Treber durch ein **grobes Nudelsieb** vorzunehmen. Dieses hat den Vorteil, daß die groben Bestandteile der Maische im Sieb verbleiben und die Stoffwindeln nicht gleich verstopft werden. Der in der Stoffwindel verbleibende Treber wird durch Anheben der Windel an allen vier Enden gleichzeitig und Entfernen der Wäscheklammern vom Kübel entfernt. Je nach Fassungsvermögen und abhängig von Ihrer Braukapazität, werden Sie auch mehrere Kübel für die Zwischenlagerung der Würze benötigen. Der in der Stoffwindel jetzt enthaltene Treberrest wird in der Windel vorsichtig verdreht und ausgedrückt.

Bei einer Braukapazität von 10–20 Litern lassen sich mit diesem **„Windelverfahren"** durchaus zufriedenstellende Ergebnisse erzielen. Beabsichtigen Sie jedoch, öfters zu brauen, oder wollen Sie pro Sud gleich größere Mengen brauen, werden Sie mit den Stoffwindeln bald an Kapazitätsgrenzen stoßen. Als Alternative bieten die Anbieter von Braubedarfszubehör **Industriefilter aus Kunststoff** an, die wie Trichter oder Säcke genäht sind und mit denen es möglich ist, die bereits grob über ein Nudelsieb

Überprüfen der Temperaturen mittels des Einkochthermometers

Entnahme der Maische zum Läutern
mit Hilfe eines kleinen Gefäßes.

Vorläutern über ein
grobes Sieb

Läutern über eine
Windel

Läutern über einen
Industriefilter
(Gewebe mit feinen
Löchern)

getrennte Würze relativ einfach sauber zu trennen. Diese Trichter und Säcke können laufend umgestülpt und mit Wasser problemlos gereinigt werden, was einen besseren Arbeitsablauf als bei den Stoffwindeln ermöglicht.

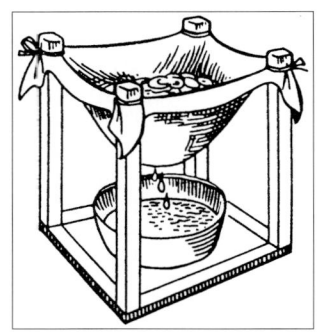

Eine zusätzliche Arbeitserleichterung ist es auch, wenn Sie den heißen Maischetopf **(Verbrennungsgefahr!)** nicht direkt über den Filter leeren, sondern ihm mit einem kleineren Gefäß Mengen zwischen einem halben und einem Liter entnehmen. Nachdem im Maischetopf die schwereren Bestandteile der Maische – der Treber – bereits zu Boden gesunken sind, können daher zuerst die flüssigen Teile der Würze relativ leicht abgeschöpft werden. Der verbleibende Treber wird aus dem Sieb wieder zurück in den leeren Maischetopf gegeben und mit dem **Nachguß** ausgeschwemmt, damit die noch enthaltenen brauwichtigen Bestandteile besser gelöst werden können. Für den Nachguß verwenden Sie ebenfalls 78° C heißes Wasser in der Menge, wie in den Rezepten angegeben bzw. um die gewünschte Menge Bier zu erhalten. Nach dem Läutern wird der Maischetopf **gesäubert,** da in diesen jetzt die Würze wieder zurückgeleert wird.

Eine weitere Form der Trennung der festen und flüssigen Maischebestandteile können Sie obiger Skizze entnehmen, bei der ein Tuch oder eine Windel, über einen **umgekippten Tisch** gespannt, an den Tischbeinen befestigt und ein Gefäß unter diesen „Filter" gestellt wird. Diese Form des Läuterns hat den entscheidenden Vorteil, daß Sie im untergestellten Gefäß immer genau sehen können, wann es voll ist und entleert werden muß. Außerdem ist ein umgedrehter Tisch wesentlich **stabiler** als ein Kübel, da er eine größere Auflagefläche besitzt und die Gefahr, daß er umkippt, geringer ist. Für Bastler und Perfektionisten sei auf S. 74f auch ein Plan für die Konstruktion eines eigenen Läuterbottichs vorgestellt.

Läuterbottich

Das oben beschriebene „Windelverfahren" hat, so Sie beabsichtigen, öfters zu brauen, einige Nachteile. Das Trennen ist reine **Handarbeit** und daher sehr zeitaufwendig, zudem gelangen beim Läutern über die Stoffwindeln relativ viele **Trübstoffe** des Malzes in die Würze, die Probleme bei der Gärung hervorrufen und auch den Geschmack des Bieres negativ beeinflussen können. Durch Konstruktion eines eigenen Läuterbottichs ist es möglich, den zeitintensiven Läuterprozeß zur Gänze bzw. zum Teil zu **automatisieren.** Ein Läuterbottich sollte so beschaffen sein, daß er an der Unterseite ein Abflußventil besitzt, durch das die geläuterte Würze abfließen kann. Am Boden dieses Läuterbottichs befindet sich ein genau passender **Einsatz** mit vielen kleinen Löchern

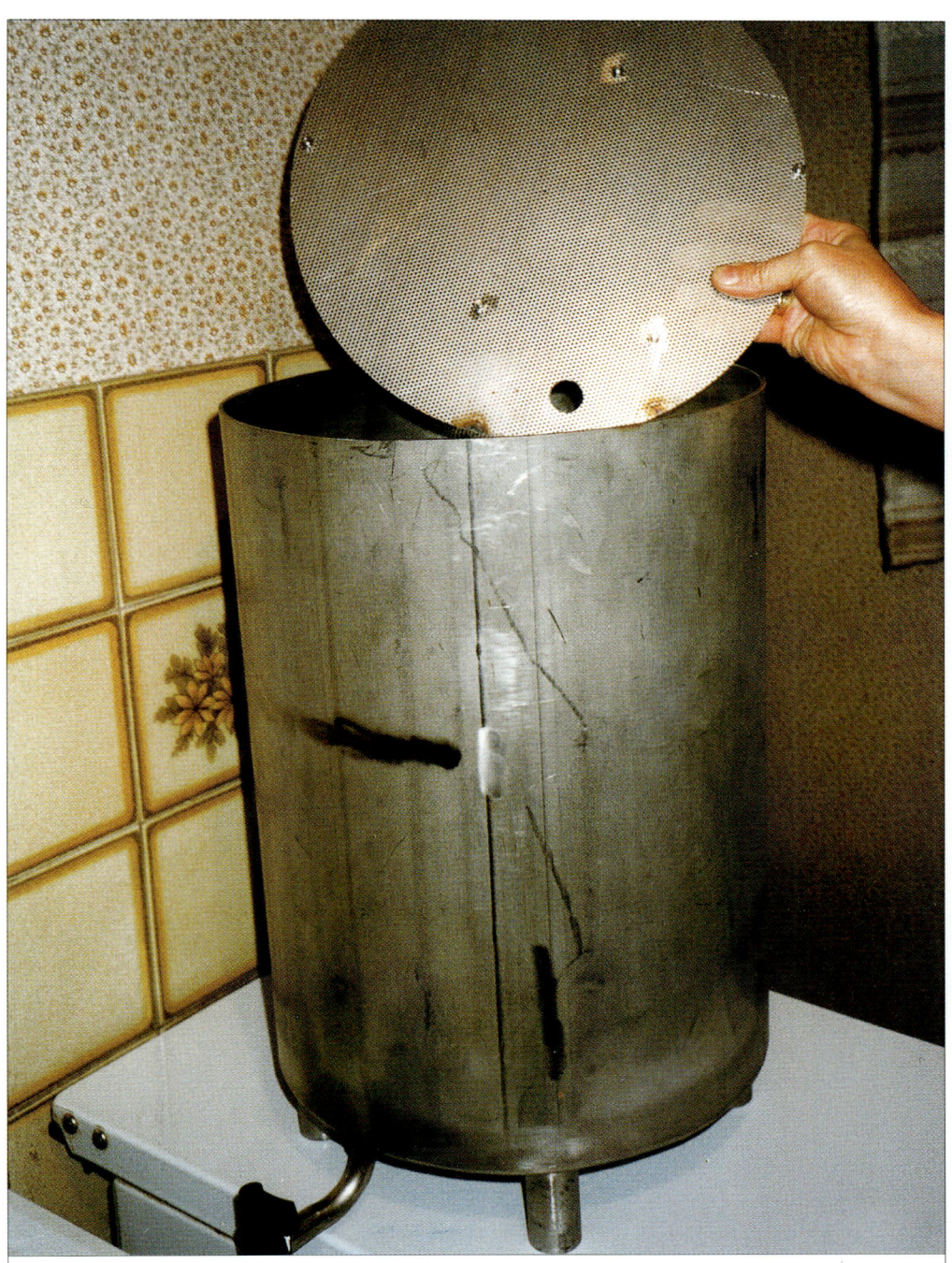

Ein selbstkonstruierter Läuterbottich mit Lochblecheinsatz und Ablaßventil

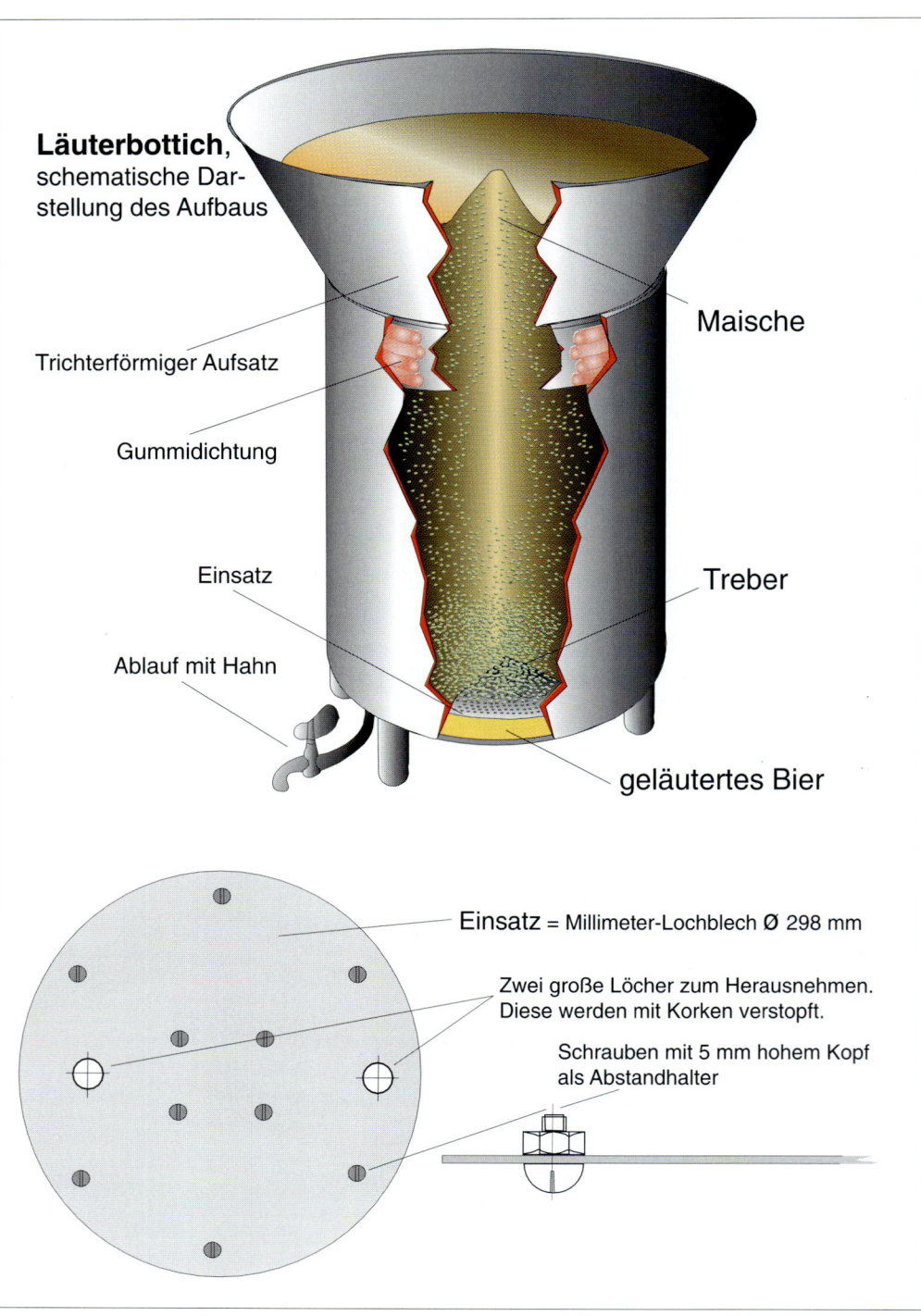

Läuterbottich, schematische Darstellung des Aufbaus

Trichterförmiger Aufsatz

Gummidichtung

Einsatz

Ablauf mit Hahn

Maische

Treber

geläutertes Bier

Einsatz = Millimeter-Lochblech Ø 298 mm

Zwei große Löcher zum Herausnehmen. Diese werden mit Korken verstopft.

Schrauben mit 5 mm hohem Kopf als Abstandhalter

LÄUTERBOTTICH

Planskizze

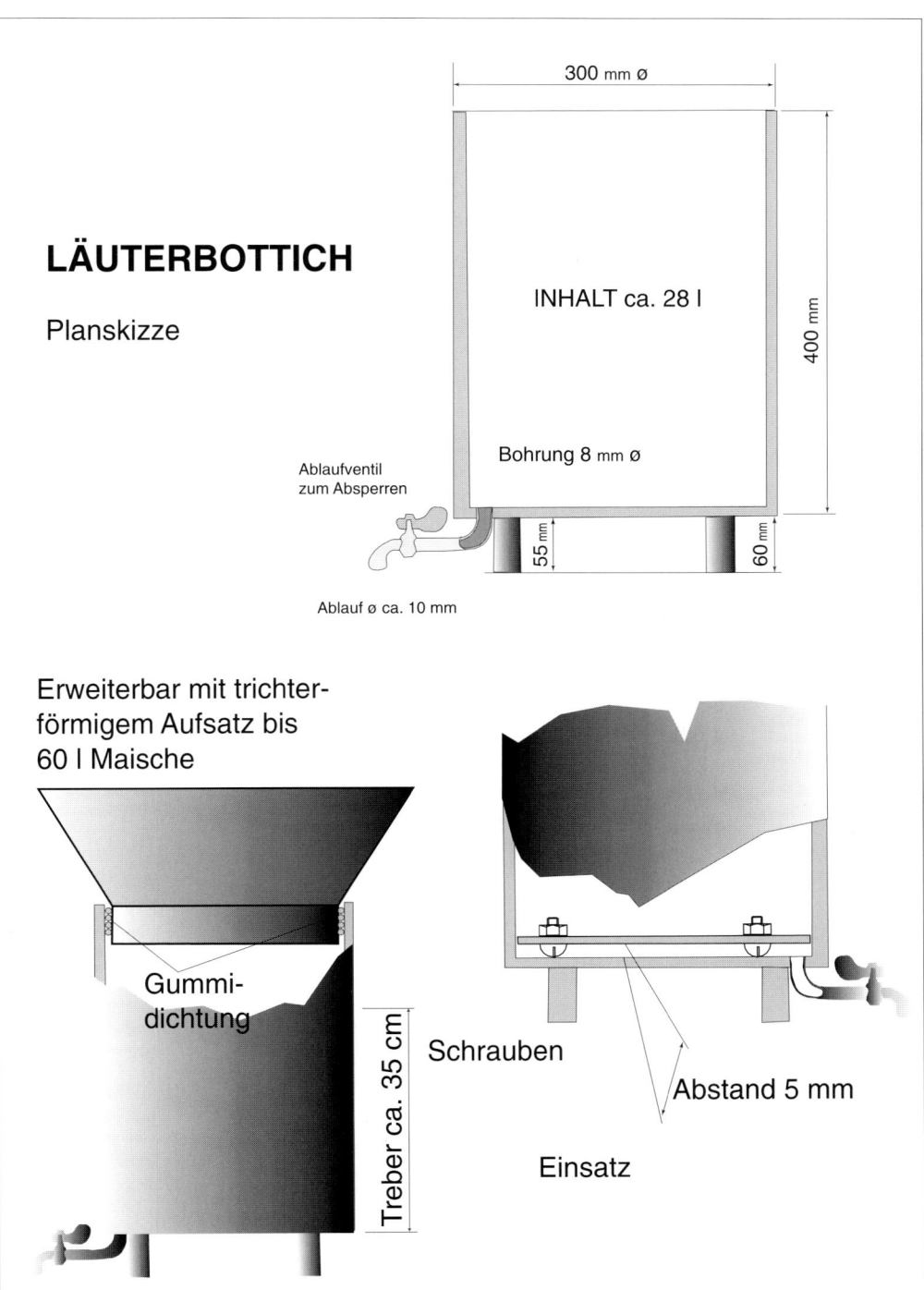

300 mm ø

INHALT ca. 28 l

400 mm

Bohrung 8 mm ø

Ablaufventil
zum Absperren

55 mm

60 mm

Ablauf ø ca. 10 mm

Erweiterbar mit trichter-
förmigem Aufsatz bis
60 l Maische

Gummi-
dichtung

Treber ca. 35 cm

Schrauben

Abstand 5 mm

Einsatz

oder kleinen Schlitzen im Durchmesser von 1 bis maximal 1,5 mm. Die festen Bestandteile des Trebers sinken zu Boden und bilden einen **natürlichen Filter,** durch den die Würze geklärt wird und durchsickern kann. Selbstverständlich sind Ihrem Einfallsreichtum und handwerklichem Geschick bei der Konstruktion und Verbesserung solcher Läutergeräte keine Grenzen gesetzt. Achten Sie nur bei der Konstruktion derartiger Geräte darauf, daß die Löcher im Einsatz groß genug sind, daß sie die Würze innerhalb einer vernünftigen Zeit abfließen lassen, aber auch wieder klein genug, um die festen Treberbestandteile der Maische zurückzuhalten.

Sollten Sie einen **Entsafter** zur Herstellung von Obstsäften besitzen, können Sie diesen mit geringem Aufwand in einen einfachen Läuterbottich umfunktionieren. Diese Entsafter haben nämlich bereits einen Einsatz mit Löchern und eine Ablaßvorrichtung mit einem Gummischlauchstück. Die zu groben Löcher des Einsatzes werden mit einem Industriefilter oder einem engmaschigen **Gazenetz** mit Löchern im Durchmesser von 1mm ausgelegt.

KOCHEN DER WÜRZE

Nach dem Läutern der Maische haben Sie die flüssige Würze, die nun im dritten Arbeitsschritt, dem **Würzekochen,** weiterverwendet wird.

Die festen Bestandteile der Maische, der Treber, wurden ja beim Läutern mit dem Nachguß ausgeschwemmt und haben für das weitere Bierbrauen keine Bedeutung mehr. Dieser Treber enthält aber noch einige wichtige Inhaltsstoffe, die durchaus für die menschliche oder tierische Ernährung eingesetzt werden können. Große Brauereien haben Verträge mit Viehmastbetrieben oder bäuerlichen Betrieben, welche dieses Abfallprodukt der Biererzeugung als Futterbeigabe bei der Tierfütterung einsetzen. Im Mittelalter wurde aus diesem Treber, vermischt mit Mehl, ein sogenanntes **„Treberbrot"** gebacken. Einige kleine Hausbrauereien, die noch vorwiegend nach dem Infusionsverfahren brauen (dabei wird der Treber nicht so sehr zerkocht), bieten ihren Gästen auch heute wieder Treberbrot als besondere Spezialität zum Bier an, wobei der Treber (30–40 %) mit Mehl und Sauerteig (oder Backhefe) vermischt und zu Brot oder Gebäck gebacken wird. In frischem Zustand – bevor der Treber zu gären beginnt – liefert er als Beigabe zum Müsli auch wichtige Ballaststoffe für die menschliche Ernährung.

Der Abfall Ihrer Heimbiererzeugung kann freilich auch an Hühner, Rinder oder Schweine verfüttert oder als Bioabfall **kompostiert** werden. Da beim Bierbrauen ausschließlich natürliche Zutaten verwendet werden, entstehen gerade beim Brauen zu Hause mit den kleinen, überschaubaren Dimensionen keinerlei Umweltbelastungen durch Rückstände oder chemische Substanzen!

Die Würze wird nun in den gereinigten Kochtopf (Maischebottich) zurückgeleert und möglichst rasch zum Kochen gebracht. Um Energie zu sparen, sollten Sie den Kochtopf mit einem **geeigneten Deckel** verschließen, damit nicht zuviel Wasserdampf während des Kochens entweichen und die Würze **wallend kochen** kann. Durch das Kochen entweicht unweigerlich etwas Wasser in Form von Wasserdampf, doch die **brauwichtigen Extrakte** des Bieres, wie Maltose, Dextrin und die jetzt beigefügten Hopfenbestandteile, bleiben auf jeden Fall in der Würze. Es steigt dadurch sogar die Konzentration der Extraktstoffe (Stammwürze) an, und durch Zugabe von Wasser – oder das gezielte Verkochen von Wasser – kann die Stammwürze jetzt ziemlich exakt festgelegt werden. Durch Entnahme einer kleinen Menge der Würze und Abkühlung auf 20° C (Bierspindeln sind zumeist auf diese Temperatur geeicht) kann jetzt bereits mit der Bierspindel der Stammwürzegehalt ganz genau festgestellt und eventuell nach oben (durch Verkochen von Wasser) oder nach unten (durch Beigabe von Wasser) den gewünschten Stammwürzestärken Ihres Bieres angepaßt werden. Die Handhabung dieser Bierspindeln wird auf Seite 82 genau beschrieben.

Beginnt die Würze im Topf zu kochen, wird ihr die jeweils im Rezept angegebene Hopfenmenge und -sorte beigegeben. Erfahrene Brauer geben diese **Hopfengaben** auch nicht auf einmal der Würze bei, sondern verteilen diese auf **2–3 Teile,** wobei die qualitativ hochwertigsten – und damit auch teuersten – Hopfensorten erst zum Schluß der Kochzeit ($1–1^1/_2$ Stunden) in die Würze gegeben werden. Wie bei den Hopfensorten im Kapitel „Rohstoffe" auf Seite 24ff. bereits beschrieben, gibt es verschiedene Formen der Hopfenbeigabe **(Pellets, Hopfenpulver, getrockneter Naturhopfen oder flüssiger Hopfen),** die sich hinsichtlich Qualität, Geschmack und vor allem Intensität sehr stark voneinander unterscheiden.

Vorsicht daher bei der **Dosierung des Hopfens,** damit Sie nicht unliebsame geschmackliche Überraschungen hinsichtlich Herbheit bzw. Bitterkeit erleben! Als Grundregel gilt: Je mehr Hopfen, desto bitterer wird das fertige Bier. Hopfenpellets – das ist Hopfenpulver in konzentrierter Form – und flüssiger Hopfen sind beispielsweise wesentlich ergiebiger als der getrocknete Naturhopfen. Meist geben auch Typenbezeichnung und Beipackerklärungen Ihres gekauften Hopfens bereits Aufschluß über die Qualität und vor allem die Intensität dieses heiklen Agrarproduktes.

Während des gesamten Kochvorganges lagern sich immer wieder Hopfenteile am Deckel oder an den Seitenwänden des Kochtopfes ab, die von Zeit zu Zeit vorsichtig wieder mit dem Kochlöffel zurück in die Würze gerührt werden. Achten Sie auch darauf, daß die Würze immer leicht wallend kocht, aber nicht zu sehr, damit es nicht zu einem **Überkochen** der klebrigsüßen Würze kommen kann.

Das Kochen der Würze dient einerseits dazu, sie zu **sterilisieren,** da durch das Kochen bei mehr als 100° C über einen Zeitraum von $1–1^1/_2$ Stunden Bakterien und Keime abgetötet werden, andererseits lösen sich beim Kochen der Würze die charakteristischen herben Bitterstoffe des Hopfens und verleihen ihr – und dann dem fertigen Bier – die **geschmackbestimmende Note.** Da die ätherischen Öle des Hopfens aber hochflüchtig sind, entweichen sehr viele dieser Bestandteile beim Kochen wieder aus der Würze, und schlußendlich verbleiben nur rund **20% der Bitterstoffe** des Hopfens im fertigen Bier. Dies erklärt auch, weshalb die teuersten Aromahopfensorten erst zum Schluß des Kochvorganges der Würze beigegeben werden, damit sichergestellt ist, daß deren hochwertige Komponenten ins Bier gelangen.

Durch das Kochen der Würze kommt es zusätzlich noch zu einem Ausscheiden der **Eiweißbestandteile,** die beim anschließenden Filtern und Abkühlen aus der Würze gefiltert werden müssen **(Heißtrubabscheidung).**

Während die Würze kocht, können Sie bereits die nächsten Schritte des Brauvorgangs vorbereiten, indem Sie die Kübel und Filter sorgfältig reinigen, saubere neue Stoffwindeln zum Filtern auf diese Kübel spannen und eventuelle Kühlgeräte, wie Eiswasserflaschen und Kühlakkus, auf deren Einsatzbereitschaft überprüfen.

FILTERN UND ABKÜHLEN DER WÜRZE

Am Ende des Kochvorganges der Würze folgen nun als nächste Schritte beim Bierbrauen zu Hause das **Filtern** und, daran anschließend, das **Abkühlen** der Würze auf die gewünschte Gärtemperatur. Das Filtern erfolgt, wie im Kapitel „Läutern" bereits ausführlich beschrieben, über frische, saubere Stoffwindeln, die über Kübel gespannt und mit Wäscheklammern befestigt werden. Durch das Filtern der heißen Würze werden die festen **Hopfenrückstände** und das durch das Kochen ausgefallene **Eiweiß (Heißtrub)** aus der Würze entfernt. Sie wird dadurch relativ klar, und je feiner diese Filterung durchgeführt wird, um so besser wird anschließend die Vergärung der abgekühlten Würze durch die Hefe erfolgen. Eiweißreste, Maischereste und Hopfenbestandteile unterdrücken bzw. behindern eine ordentliche alkoholische Gärung, es kommt dann zu Schmiergärungen bis hin zu Fehlgärungen.

Vorsicht auch beim Entnehmen der kochenden Würze aus dem Kochtopf! Es besteht große **Verbrühungsgefahr!**

Ganz wichtig ist es jetzt, die gefilterte Würze möglichst rasch auf **Gärtemperatur abzukühlen,** um wilde Hefen oder Bakterien, die in der Raumluft vorhanden sein könnten, an einer Vermehrung in der Würze zu hindern. Es gibt mehrere verschiedene Möglichkeiten, die Würze abzukühlen. Durch mehrmaliges **Umleeren** aus dem Kübel zurück in den natürlich sauber gereinigten Topf und wieder zurück in die Kübel läßt sich die Kochtemperatur der Würze sehr rasch auf rund 60° C senken. Unter diese Temperatur kann die Würze durch bloßes Umleeren nur sehr schwierig und in einem langwierigen Vorgang gebracht werden. Hier bietet sich jetzt die Möglichkeit an, den Kochtopf mit der warmen Würze in die Badewanne zu stellen und von außen mit **fließendem kaltem Wasser** abzukühlen oder den Topf in einen Bottich (Plastikwanne) mit kaltem Wasser zu stellen und mit fließendem kaltem Wasser abzukühlen, wobei das Kühlwasser über den Bottichrand in den Abfluß rinnen kann.

Gekochte Würze.
Die Hopfenreste am
Kochtopf und der
Heißtrub der Würze sind
deutlich zu erkennen

Rückstände des Hopfens
und des Heißtrubs in der
Windel

Filtern der Würze mittels
einer Stoffwindel

Bei Vorträgen wurde berichtet, daß man durch **Kupferrohre,** die an die Wasserleitung angeschlossen und in Schlangen durch die heiße Würze gelegt werden, eine Abkühlung im Gegenstromprinzip erreicht. Am anderen Ende des Kupferrohres (oder der Kupferspirale) erhalten Sie dann auch noch warmes Wasser, mit dem Sie Ihre bereits gebrauchten Arbeitsgeräte reinigen können. Ein Plastik- oder – besser noch – Gummischlauch, in Spiralen durch die Flüssigkeit gelegt, erfüllt ähnliche Kühlfunktionen, auch wenn der Wärmeaustausch bei Kupferrohren materialbedingt am besten ist.

Eine weitere, relativ einfache Methode, die heiße Würze rasch abzukühlen, besteht darin, die **Kühlakkus** aus Frischhalteboxen oder große **PET-Flaschen** von alkoholfreien Getränken (1,5–2 Liter), welche aus lebensmittelechtem Kunststoff bestehen und die, mit Wasser gefüllt, im Tiefkühlschrank eingefroren werden, direkt in die heiße Würze zu geben. Dabei schmilzt das gefrorene Wasser in den Plastikflaschen bzw. das Kühlmittel in den Kühlakkus, und die Würze wird abgekühlt. Diese Kühlmethode eignet sich auch hervorragend dazu, das Bier bei der Vergärung auf 15–20° C bei obergäriger Vergärung abzukühlen, da durch den Gärprozeß Energie freigesetzt wird, die wieder die Gärtemperatur erhöht. Aus hygienischen Gründen sollten diese Flaschen und die Kühlakkus kurz mit heißem Wasser abgespült werden, damit nicht über sie Bakterien und Verunreinigungen in die heiße Würze gelangen.

Durch das Abkühlen der Würze fallen noch einige feste Bestandteile aus (Kalttrubabscheidung), die durch nochmaliges Filtern über eine saubere Stoffwindel ausgefiltert werden.

BESTIMMEN DER STAMMWÜRZE

Sie haben gewiß schon auf den Etiketten von Bierflaschen die Angaben **Stammwürze** oder Würze in % und **Alkoholgehalt** in Vol % gesehen. Diese beiden Angaben hängen zwar indirekt zusammen, sind aber nicht zu verwechseln. 12% oder Grad Stammwürze – ein typisches Vollbier – bedeutet beispielsweise, daß auf 1 l Würze (1000 g) 120 g gelöste Stoffe (Extrakte) und 880 g Wasser kommen. Diese Stammwürze ist nach dem Deutschen Biersteuergesetz, den österreichischen und auch nach den Schweizer Bestimmungen die Basis für die Entrichtung der mengen- und stärkeabhängigen Biersteuer. (Siehe dazu im Anhang die genauen rechtlichen Bestimmungen für das Brauen zu Hause auf Seite 161ff.). In den oben angeführten Gesetzen wird ein **Mindestwürzegehalt** für die jeweilige Bierkategorie festgelegt, der auf keinen Fall unterschritten werden darf. Für den Hausbrauer, der sein Bier ja nicht entgeltlich abgibt, haben diese Bestimmungen zwar nicht unmittelbar große Bedeutung, doch sind gerade in Deutschland durch eine Meldung an das nächste **Hauptzollamt** gewisse formale Vorschriften für das Brauen zu Hause einzuhalten, und die Bestimmung der Stammwürze gehört eben auch zum Bierbrauen!

Wirklich exakt können Sie den Stammwürzegehalt Ihres Bieres nur mittels einer geeichten Bierspindel bestimmen. Diese sind im einschlägigen Fachhandel (siehe Bezugsquellenverzeichnis auf Seite 163ff.) relativ günstig erhältlich. Geeicht sind diese Bierspindeln, da für den Hobbybrauer eher obergärige Vergärung in Frage kommt, auf 20° C. Die Bierspindel (siehe Bild auf Seite 81) wird in eine kleine Menge auf Gärtemperatur (20° C) abgekühlte Würze gegeben. Je nach Extraktgehalt (Stammwürze) sinkt sie mehr oder weniger tief ein, und der genaue Wert der Stammwürze kann am oberen Rand der **Skala der Bierspindel** abgelesen werden. Als Gegenprobe, ob die Bierspindel auch einwandfrei funktioniert, können Sie diese in reines Wasser halten. Bei einer Temperatur von 20° C müßte die Skala genau 0 anzeigen, da im reinen Wasser keine Extrakte gelöst sind.

Auch während der **Vergärung** entnehmen Sie regelmäßig Proben und überprüfen den **Gärverlauf.** Je weiter die Gärung fortgeschritten ist – der Zucker also von der Brauhefe bereits in Alkohol und Kohlensäure umgewandelt wurde –, desto stärker **sinkt gleichzeitig die Stammwürze.** Nur so können Sie genau das **Ende der Hauptgärung** und damit den richtigen Zeitpunkt für das **Abfüllen** des fertigen Bieres bestimmen. Wenn Sie beim ersten Überprüfen der Stammwürze einen Wert von 12 Grad als Stammwürze ermittelt haben, ist der richtige Zeitpunkt, um das Bier zur Nachgärung in die Flaschen zu füllen, ungefähr bei 5 Grad Stammwürze auf der Anzeige der Bierspindel erreicht. Wird das fertige Bier zu früh zur Nachgärung in die Flaschen gefüllt, besteht die Gefahr, daß es durch die Nachgärung zu einem derartigen Überdruck kommt, daß die **Flaschen bersten!** Es ist unglaublich, welche Kräfte durch die Vergärung freigesetzt werden. Eine explodierende Flasche wirkt wie eine Bombe; die Glassplitter fliegen mehrere Meter im Umkreis und können dabei auch für Menschen gefährlich werden! Wird hingegen zu spät abgefüllt, kann sich bei der Nachgärung in der **Flasche keine Kohlensäure mehr bilden;** das Bier schmeckt ohne diese prickelnde Kohlensäure fad und kann nur mit gekauftem Bier „verschnitten" werden. Um aber **Verfälschungen** bei der Überprüfung der Stammwürze zu vermeiden, muß bei der Gärprobe, die Sie während der Vergärung entnehmen, durch kräftiges Rühren und Schütteln die Kohlensäure aus der Gärprobe entfernt werden, da der **Auftrieb** der **Kohlensäure** den Wert auf der Bierspindel verfälschen würde. Zum Entfernen der Kohlensäure können Sie die Probe auch durch einen handelsüblichen Kaffeefilter aus **Filterpapier filtern,** wobei die Kohlensäure im Papier zurückgehalten wird. Rühren Sie nicht mit der Bierspindel um, da diese aus Glas besteht, welches sehr leicht zerbricht! Diese Bierspindeln kosten in den einfachsten Ausführungen zwischen DM 20,– bis 30,– und sind im einschlägigen Fachhandel sowie in verschiedenen Drogerien erhältlich. Es gibt von diesen Testgeräten auch wesentlich komfortablere Ausführungen, beispielsweise mit einem **integrierten Thermometer** und, je nach Größe der Bierspindel, mit einer detaillierteren Skala.

In den deutschsprachigen Ländern erfolgt eine Einteilung der Biere üblicherweise nach ihrem jeweiligen Stammwürzegehalt, wobei dieser, wie bereits erwähnt, auch die

Abkühlen der gekochten Würze in fließendem kaltem Wasser

Hier ist ganz deutlich zu erkennen, daß reines Wasser einen Extraktgehalt von Null an der Bierspindel aufweist

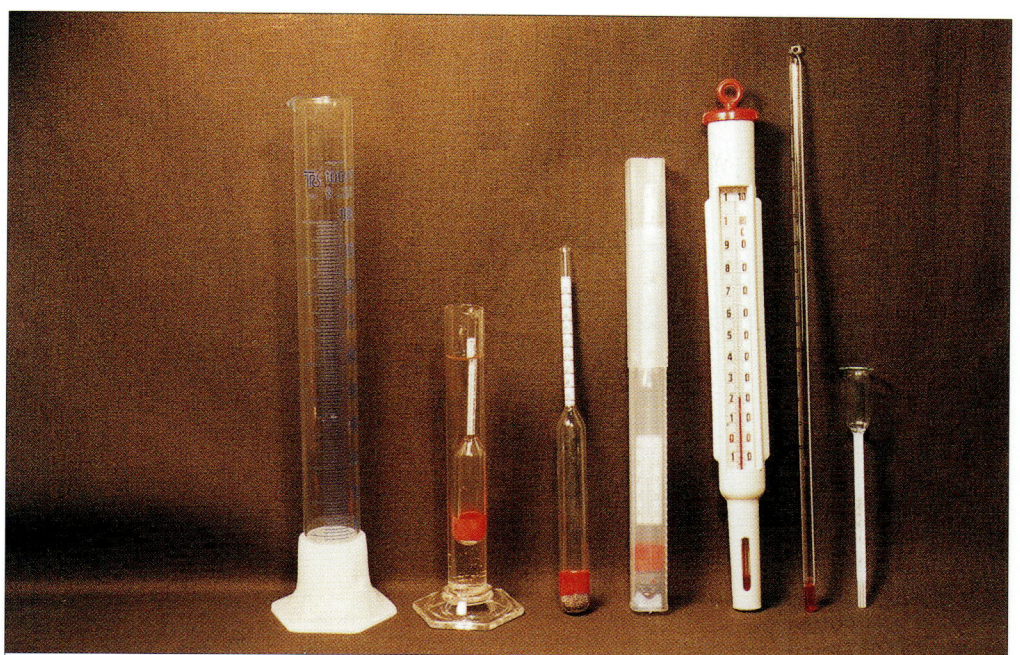

Verschiedene Bierspindeln mit und ohne Thermometer. Sie sind
meist auf 20° C geeicht

Bestimmen des Vergärungsgrades.
Links: Spindeln; rechts: Kohlensäure
wird mittels eines Kaffeefilters
ausgefiltert. (CO_2 bewirkt
Spindelauftrieb und verfälscht
damit das gespindelte Ergebnis)

Basis für die Entrichtung der **Biersteuer** ist. In untenstehender Tabelle können Sie in einem Überblick die einzelnen Unterschiede zwischen Deutschland, Österreich und der Schweiz ersehen.

EINTEILUNG DER BIERE NACH IHREM STAMMWÜRZEGEHALT

DEUTSCHLAND	ÖSTERREICH	SCHWEIZ
EINFACHBIER 2–5,5%	ABZUGBIER 9–10%	
SCHANKBIER 7–8%	SCHANKBIER 10–12%	LAGERBIER 10–12%
VOLLBIER 11–14%	MÄRZENBIER 12–14%	SPEZIALBIER 11–14%
STARKBIER MEHR ALS 14%	BOCKBIER MEHR ALS 14%	STARKBIER MEHR ALS 14%

BEIGABE DER HEFE UND HAUPTGÄRUNG

Ist die je nach dem Gärverfahren – obergärig oder untergärig – angestrebte Gärtemperatur erreicht, wird nun die vorbereitete **Gärhefe** der abgekühlten **Würze beigegeben.** Wird beim Brauen zu Hause **Trockenhefe** verwendet, so ist diese einige Stunden vor der Beigabe zur Vergärung bereits vor- und aufzubereiten. Dabei wird sie in der auf der Packung angegebenen Menge Wassers gequollen und damit wieder aktiviert. Um zu **überprüfen,** ob diese Trockenhefe auch tatsächlich aktiv ist, haben Sie die Möglichkeit, entweder durch Beigabe von Fruchtsaft (zuckerhältig) oder durch Auflösen von Zucker in der Quillflüssigkeit diese zu testen. Arbeitet die Bierhefe, bilden sich nach einiger Zeit Bläschen an der Oberfläche der Flüssigkeit, da der Zucker durch die

Gärung in Kohlensäure und Alkohol umgewandelt wird. Die aufsteigenden Kohlensäurebläschen zeigen diesen Vorgang genau an. Bei **Flüssighefe,** die Sie aus einem Ihrer letzten Brauversuche geerntet und zwischenzeitlich im Kühlschrank in einer Flasche gelagert haben, entfällt der Vorgang des Quillens, da sich die Bierhefe hier bereits in flüssiger Form befindet. Sehr wohl können Sie auch diese Hefe auf ihre Aktivität mittels oben angeführtem Verfahren überprüfen. Die Beigabe der Hefe sollte immer mit der optimalen Gärtemperatur erfolgen. Obergärige Hefe muß dabei aus dem Kühlschrank langsam auf eine Temperatur von rund 20° C gebracht werden.

Auch sollten Sie jetzt entscheiden, in welchem Gärgefäß Sie die Vergärung Ihres Bieres durchführen wollen. Für erste Brauversuche eignet sich sicher der wieder gereinigte **Maische-** und **Würzetopf,** der ja auch von der Kapazität her genau Ihrer Braumenge entspricht. Wenn Sie vorhaben, öfters zu brauen, ist es vorteilhafter, sich einen eigenen Gärbehälter anzuschaffen, der nach Möglichkeit ein **integriertes Ablaßventil** am Boden oder an der Seite besitzt. Diese Gärbehälter gibt es in Lagerhäusern und Baumärkten und werden unter der Bezeichnung „Mostfässer" oder „Fruchtweinfässer" angeboten. Achten Sie bitte unbedingt darauf, daß es sich bei diesen Kunststoffbehältern um lebensmittelechten Kunststoff handelt, aus dem sich bei der Vergärung des Bieres keine schädlichen Stoffe, wie chemische Weichmacher und andere, meist krebserregende Substanzen lösen können. Diese Behälter gibt es in den unterschiedlichsten Ausführungen und Größen, mit Kunststoffventilen bis hin zu Kugelkopfventilen aus Metall, mit einem verschließbaren Deckel und der Möglichkeit, dort auch einen Gärspund anzubringen. Sie können mit diesen Gärbehältern daher nach dem klassischen Verfahren in **offenen Bottichen gären** sowie unter Verwendung eines Gärspundes auch mit entsprechendem Gegendruck einen eigenen geschlossenen **Gärtank** zu Hause bauen. Achten Sie beim Kauf eines solchen Bottichs besonders darauf, daß er sich innen **leicht reinigen** läßt.

Im Fachhandel (siehe auch Bezugsquellenverzeichnis auf Seite 163ff.) werden auch eigene Gärgefäße für Kühlschränke angeboten, die mit Kohlensäurepatronen ausgerüstet werden können und damit gleich ein Zapfen des fertigen Bieres aus diesem Tank erlauben. Achten Sie während der Hauptgärung jedoch darauf, daß unbedingt genügend **Sauerstoff** zum gärenden Bier gelangen kann, da die Bierhefen als Lebewesen für ihre Tätigkeit diesen Sauerstoff benötigen. Diese Fässer haben zum Teil auch Vorrichtungen, die eine Entnahme des Bieres von der Oberfläche erlauben, wodurch es klar gezapft werden kann. Die Hefe bleibt dabei auf dem Boden und wird bei der Entnahme nicht aufgewirbelt.

Bis zum **Einsetzen der Hauptgärung** vergehen nun einige Stunden, in denen das noch nicht gärende Bier besonders für in der Luft enthaltene wilde Hefen oder Bakterien anfällig ist. Sollten sich in dieser Phase der Biererzeugung diese Lebewesen gegenüber den von Ihnen bewußt beigefügten Reinzuchthefen durchsetzen können, kommt es zu Fehlgärungen, da sich diese wilden Hefen – und vor allem Milchsäurebakterien – gegenüber der Bierhefe behauptet werden. Das fertige Bier kann dann sauer und damit ungenießbar werden. Verschließen Sie daher bis zur Bläschenbildung an der Oberfläche der Bierwürze Ihr Gärgefäß mit einem sauberen Tuch oder einem geeigneten Kochdeckel! Die bei obergärigen Bieren nach 12–24 Stunden einsetzende **stürmische Gärung** führt dazu, daß sich zuerst ein **weißer Schaum an der Oberfläche der Gärflüssigkeit** bildet, der sich nach einiger Zeit durch die abgestorbenen Hefen und die Hopfenbestandteile braun zu färben beginnt. Vorsichtig wird dieser Schaum mit einem Schöpflöffel abgehoben und aus dem Gärgefäß entfernt.

Achten Sie jetzt, während der Hauptgärung, auch ganz genau darauf, daß die zulässige Gärtemperatur von 15–20° C bei obergärigen Hefen nicht überschritten wird. Bei den während der alkoholischen Gärung durch die Bierhefen ablaufenden biochemischen Prozessen bildet sich neben Alkohol und Kohlensäure auch noch **thermische Energie (Wärme),** die zu einer Erwärmung der Gärflüssigkeit über die optimale Gärtemperatur hinaus führt. Durch Abkühlen mit Kühlakkus oder mit den wieder tiefgekühlten Getränkeflaschen können Sie die Temperatur jederzeit recht genau regulieren. Steigt sie bei der Gärung zu stark an, kommt es zu keiner kontrollierten Gärung mehr, und die Hefen werden durch zu hohe Temperaturen bis hin zu ihrem vollständigen Absterben geschädigt.

Bei obergärigen Hefen dauert der nun ablaufende Prozeß der **Hauptgärung rund 2–3 Tage;** entscheidend ist hier, welcher Hefestamm verwendet wird. Besonders aktive Hefen, auch solche nach mehrmaliger Verwendung, beginnen recht bald mit der Hauptgärung, und diese dauert dann insgesamt vielleicht nur rund $2-2^{1}/_{2}$ Tage. Der genaue Stand der Vergärung kann jedoch nur mit der Bierspindel exakt bestimmt werden. Wie im Kapitel „Bestimmen der Stammwürze" auf Seite 80ff. ausführlich beschrieben, nimmt mit dem Fortschreiten der Vergärung der **Extraktgehalt im Bier ab;** gleichzeitig steigt der **Alkoholgehalt** im Bier **an,** und die sich bei der Vergärung bildende Kohlensäure (CO_2) entweicht an die Raumluft. Mittels der Bierspindel wird der genaue Zeitpunkt bestimmt, um die Hauptgärung zu beenden und die Nachgärung in den Flaschen oder Fässern einzuleiten. Betrug der Stammwürzegehalt vor der Beigabe der Hefe 12°, so wird der optimale Zeitpunkt zur Beendigung der Hauptgärung in etwa zwischen 5–6° liegen. Zu diesem Zeitpunkt ist einerseits noch genügend Restzucker vorhanden, um eine Anreicherung des fertigen Bieres mit **Kohlensäure in der Flasche** oder im Faß während der Nachgärung zu bewirken; andererseits besteht jedoch nicht mehr die Gefahr, daß zu viel Zucker zu einem **Überdruck** bei der Nachgärung und damit zum **Explodieren** der Bierflaschen führen könnte.

Obergärige Bierhefen degenerieren auch nicht so rasch wie untergärige; sie können daher weitaus öfter für das Brauen zu Hause verwendet (geführt) werden. Die von Ihnen geernteten Hefen werden „gewaschen", d.h. sie werden mit Wasser gut vermischt. Die Hefen setzen sich nach einiger Zeit wieder am Boden ab, das überschüssige Wasser wird aus der Flasche entleert, so daß die Hefe nur knapp von Flüssigkeit bedeckt ist, und anschließend wird sie, verschlossen im Kühlschrank stehend, für weitere Gärversuche gelagert.

Beginn der Gärung

Obergäriges Bier: Hefe wird von der Oberfläche abgeschöpft

Links: großbläsrige Gärung (Blasengärung)
Rechts: Ende der Hauptgärung

Wie bereits bei den Kapiteln „Brauen in der Brauerei" und „Hefen" erwähnt, benötigen untergärige Hefen beim Brauen zu Hause wesentlich niedrigere Temperaturen von 4–8° C, die sich zumeist ganzjährig ohne elektrische Kühlung zu Hause nicht erzielen lassen. Mit einigem Geschick und gutem Willen lassen sich jedoch auch hier Wege finden, beispielsweise durch den Umbau eines **alten Kühlschranks** zu einer elektrischen Kühlanlage. Gewiß ist es besser, wenn Sie Ihre untergärigen Brauversuche erst im **Winter** starten, wenn die Aussicht besteht, über einen Zeitraum von einer Woche diese niedrigen Temperaturen von 4–8° C erreichen und auch halten zu können. Dauert die **Hauptgärung** bei obergärigen Bieren 2–3 Tage, so benötigen untergärige Biere über eine Woche, rund **7–8 Tage.** Im Fachhandel werden bereits untergärige Hefestämme angeboten, die auch noch bei Temperaturen von 15° C zufriedenstellend arbeiten, was die Verwendung dieser Hefen für das Brauen zu Hause wesentlich erleichtert.

Die Gärung läuft bei untergärigen Bieren auch nicht so stürmisch ab wie bei obergärigen, und der Vergärungsgrad kann durch äußere Anzeichen, wie etwa das Aufsteigen der Kohlensäurebläschen, kaum beobachtet werden. Hier ist eine exakte Spindelung mit der Bierspindel unerläßlich, um den richtigen Zeitpunkt des Endes der Hauptgärung feststellen zu können. Gerade wegen der langen Hauptgärung haben Sie bei untergärigen Bieren aber besser die Möglichkeit, den optimalen Zeitpunkt festzulegen, wann diese Biere auf Flaschen oder Fässer zur Nachgärung abgefüllt werden sollen. Bei obergärigen Bieren kann es jedoch vorkommen, daß abends der Zeitpunkt zum Abfüllen noch nicht gekommen ist; in der Früh aber kann die Hauptgärung bereits so weit fortgeschritten sein, daß eine Nachgärung in der Flasche oder im Faß ohne Beigabe von Zucker in die Flaschen oder Fässer nicht mehr möglich ist.

In einigen deutschsprachigen Büchern wird empfohlen, das Bier nach der Hauptgärung – das sogenannte **Jungbier** – ähnlich wie in den Brauereien noch unter Gegendruck (Gärspund) in Glasballons oder einem anderen verschließbaren Gefäß zur **Nachreifung** und **Anreicherung mit Kohlensäure** zu lagern. Wir halten diesen großen technischen Aufwand mittels geschlossener Systeme – die unbedingt notwendig sind, um ein Entweichen der Kohlensäure aus dem Bier zu verhindern – für das Brauen zu Hause in keiner Weise für zielführend. Gewiß wird damit der Vorgang des Bierbrauens in den Brauereien möglichst genau simuliert, Trübstoffe sowie Hefebestandteile werden zu einem großen Teil ausgefiltert, und das Bier wird damit insgesamt klarer, doch ist es technisch nicht möglich, ohne industrielle Filteranlagen die gesamte Hefe und Trübstoffe beim Brauen zu Hause aus dem Bier zu filtern, ohne daß dabei die Kohlensäure völlig entweicht. Wir empfehlen Ihnen daher, es wie alle Hobbybrauer im englischen oder amerikanischen Bereich zu pflegen und die **Nachgärung auf den Flaschen** zu machen. Dabei wird das Jungbier nach dem durch die Spindelung mit der Bierspindel festgelegten optimalen Zeitpunkt in die sorgfältig gereinigten Flaschen abgefüllt. Dabei gelangen noch genügend Hefebestandteile in die Flasche, um dort eine befriedigende Nachgärung auszulösen, so der Zuckergehalt des abgefüllten Jungbieres noch ausreicht. Die Hefebestandteile sowie die Trübstoffe sinken nach der Nachgärung in der Flasche zu Boden; bei entsprechend vorsichtigem Einschenken verbleiben diese Rückstände (Bodensatz) auch dort, und Ihr Bier wird ebenfalls eine ausreichende Klarheit aufweisen. Durch mehrmaliges Öffnen der Flasche (Bügelverschluß) läßt sich der bei der Nachreifung in der Flasche entstehende Kohlensäuredruck genau regulieren.

ABFÜLLEN DES JUNGBIERES UND NACHREIFUNG

Für die Lagerung Ihres „Selbstgebrauten" vor dem Genuß gibt es mehrere Möglichkeiten mit entsprechenden Vor- und auch Nachteilen. Die verbreitetste Form, Bier zu lagern und zu transportieren, ist das Abfüllen in Bierflaschen in verschiedensten Formen und Größen. Daneben haben sich heute die Methode der Lagerung in Fässern aus Aluminium oder Stahl, weniger aus Holz, oder das Abfüllen des Gerstensaftes in Dosen und Containern durchgesetzt. Mit einigen Einschränkungen stehen auch Ihnen zu Hause alle diese Möglichkeiten, Ihr Bier abzufüllen, offen.

Am einfachsten – und für die Zwecke der Hausbrauer wohl auch am besten geeignet – sind die **Bügelverschlußflaschen mit Porzellanverschluß.** Vor mehr als 100 Jahren traten diese Flaschen ihren Siegeszug an, wurden aber nach einiger Zeit von Flaschen mit Kronenkorken verdrängt, und erst seit wenigen Jahren wieder werden diese Bierflaschen – heute hauptsächlich für Spezialbiere – meist auch in nostalgischen Formen angeboten. Auch im Fachhandel sind diese mehrfach verwendbaren Bügelverschlußflaschen in den unterschiedlichsten Größen und Ausführungen erhältlich. Eines aber haben alle diese Systeme gemein: nämlich einen **Gummiring,** durch den das Porzellanstück dicht auf die Flaschenöffnung gepreßt und damit das Entweichen der im Bier enthaltenen Kohlensäure verhindert werden kann. Wie alle anderen Flaschen, lassen sich auch diese recht einfach reinigen, und die Gummistücke können durch **Auskochen** in heißem Wasser immer wieder **sterilisiert** bzw. nach einiger Zeit auch durch neue ersetzt werden. Diese Glasflaschen mit Bügelverschluß gibt es in Größen von 0,3–5 Liter.

Euromehrwegflaschen und die schlankeren **NRW-Flaschen** können zu Hause von Ihnen auch befüllt werden, wozu Sie ein eigenes **Handverschließgerät** und eine entsprechende Anzahl von Kronenkorken benötigen. Dieses Handverschlußgerät (siehe Abbildung Seite 94) ist im einschlägigen Fachhandel genauso erhältlich wie die dazu passenden Kronenkorken. Achtung: Die Kronenkorken sind jedoch nur ein einziges Mal dicht und müssen stets durch neue ersetzt werden! Wenn Sie Ihr Bier mit diesen Kronenkorken verschließen, müssen Sie vorher unbedingt die exakte Vergärung bestimmen, um eine optimale Nachgärung in der Flasche zu erzielen. Sie haben nicht – wie bei den Bügelverschlußflaschen – die Möglichkeit, Überdruck durch Entlüften oder auch zu wenig Druck durch Beigabe einer kleinen Menge Zuckers zu regulieren und damit steuernd in die Nachgärung einzugreifen!

Reinigen der Flaschen in Speisesoda

Mechanische Reinigung mittels einer Flaschenbürste

Auskochen der Gummidichtungen

| Vorbereitungen zum Abfüllen | Abfüllen über den Entsafter |

| Abfüllen mittels Schlauches | Es gibt viele Gebinde zum Lagern von Bier |

Nicht besonders stilecht, aber zum Abfüllen des Bieres durchaus geeignet sind auch **Mineralwasserflaschen** aus Glas und Getränkeflaschen aus **lebensmittelechtem Kunststoff**. Die Verschlüsse müssen nur entsprechend dicht sein, damit die Kohlensäure des Bieres nicht entweichen kann. Ob Sie Bier unbedingt aus Colaflaschen servieren wollen, müssen Sie für sich selbst entscheiden! Einen entscheidenden Nachteil haben diese Flaschen aber auf jeden Fall: Bier wird nämlich nicht umsonst in dunkelbraune Flaschen abgefüllt angeboten. Es ist sehr lichtempfindlich; daher sind diese meist weißen bzw. durchsichtigen Flaschen für längere Lagerung von Bier eher abzulehnen, abgesehen vom ästhetischen Gesichtspunkt.

Auch Fässer können Sie zum Abfüllen Ihres Selbstgebrauten verwenden, allerdings muß hierbei schon ein ziemlich großer Aufwand betrieben werden. **Holzfässer** werden praktisch nicht mehr verwendet, da sich nur mehr wenige Brauereien den Luxus leisten, Bier in dieses ursprüngliche Transport- und Lagersystem abzufüllen. Holzfässer lassen sich nämlich wesentlich schwieriger reinigen als Stahl- oder Aluminiumfässer, und Holzfässer müssen auch nach einiger Zeit innen wieder mit Pech „gepicht" werden, was zeitaufwendig und teuer ist, damit sie gasdicht sind und die Kohlensäure nicht entweichen kann. **Stahl-** und **Alufässer** gibt es heute jedoch schon in Dimensionen für den Heimbrauer (10–12 Liter), allerdings sind dann aber auch entsprechende **Füll-** und **Schankanlagen** mit Kohlensäurekartuschen und -patronen notwendig. Wie bereits erwähnt, gibt es auch kleine **Plastikfässer** mit einem Zapfsystem auf Basis dieser Kohlensäurepatronen, welche es ermöglichen, Bier auch länger im Faß zu lagern und im Kühlschrank aufzubewahren.

Eine weitere Form, Ihr Bier zu lagern, ist die Wiederverwendung von kleinen **Partyfässern** (5 Liter) aus Blech. Diese mit einem Durchstoßstück am oberen Boden versehenen kleinen Partyfässer können gereinigt, das Durchstoßstück entnommen und anschließend mit Ihrem Bier wiederbefüllt werden. Sie benötigen für diese Blechfässer aber eigene Zapfgeräte, mittels derer Luft hineingepumpt wird oder mittels einer Kohlensäurepatrone das Zapfen des Bieres möglich ist.

Gleichgültig, welche Form der Aufbewahrung Sie für Ihr Bier vorgesehen haben – ganz entscheidend ist die **hygienisch einwandfreie Vorbehandlung** dieser Abfüllgeräte. Wie schon öfters erwähnt, lassen sich Flaschen und Fässer am besten mit **heißem Wasser** und anschließendem ausgiebigem Spülen mit kaltem Wasser reinigen. Zumeist wird diese Form der Reinigung ausreichen, um Ihr Bier ohne Qualitätsverlust einige Zeit lagern zu können. Handelsübliche, zumeist **fetthaltige Haushalts-** und **Geschirrspülmittel** sind für Bierflaschen, -dosen und -fässer abzulehnen, da das Fett Rückstände hinterläßt, die sich im Bier ablagern und zu einer Qualitätsbeeinträchtigung führen können. Fett zerstört nämlich die Oberflächenspannung des Wassers, und es kann sich daher kein ordentlicher Schaum auf dem Bier bilden. Hingegen ist in heißem Wasser gelöstes **Soda** für die Reinigung der Flaschen und Fässer durchaus geeignet. Um die Wirkung der Reinigung mechanisch zu vergrößern, können die Flaschen zusätzlich innen mit **Flaschenbürsten** gesäubert werden.

Das Abfüllen des Bieres erfolgt auf verschiedene Weisen, mit entsprechenden Vor- und Nachteilen. Ohne größeren Aufwand kann es mit einem **Plastik-** oder **Gummischlauch** durchgeführt werden. Dabei wird das eine Ende des Schlauches vorsichtig in das Gefäß mit Bier gesteckt, am anderen Ende des Schlauches angesaugt und dieser Endteil in die Flasche gesteckt. Dann wird sie bis ungefähr 3 cm unter dem Verschluß gefüllt. Mittels einer **Schlauchklemme** wird die Bierzufuhr bei jeder Flasche genau reguliert. Für diese Form des Abfüllens ist es von Vorteil, wenn Ihnen eine zweite Person behilflich ist, indem diese darauf achtet, daß das Ende des Schlauches immer unter dem Niveau des Bieres bleibt, so daß ein kontinuierlicher Bierfluß sichergestellt ist. Das Abfüllen des Bieres sollte auch nicht zu rasch erfolgen, damit nicht durch zu große Schaumentwicklung die gesamte im Bier enthaltene Kohlensäure entweicht.

Das Abfüllen kann wesentlich einfacher und besser reguliert werden, wenn der Gärbehälter mit einem **Ablaßventil** versehen ist. An diesem läßt sich problemlos ein kleiner Gummischlauch anbringen, der bis zum Boden der zu befüllenden Flasche reicht. Das Abfüllen mittels eines solchen Ablaßventils bietet auch noch den Vorteil, daß Sie allein, ohne fremde Hilfe, Ihr Bier abfüllen können. Darüber hinaus läßt sich mit diesen Abfülleinrichtungen auch die Abfüllgeschwindigkeit besser regulieren und übermäßige Schaumentwicklung verhindern. Der Fachhandel bietet recht preisgünstig **Schlauchfüllsysteme** an, die ein Befüllen der Flaschen mit Bier vom Boden der Bierflasche nach oben ermöglichen, was einem Entweichen der Kohlensäure vorbeugt.

In den Brauereien erfolgt das Abfüllen des Bieres heute in **geschlossenen Systemen** mit **Gegendruck,** damit keine Kohlensäure entweichen kann. Mit einigem Aufwand lassen sich auch zu Hause ähnliche Abfüllanlagen basteln, wobei aber der finanzielle und technische Aufwand in keinem Verhältnis zum damit erzielbaren Ergebnis stehen. Genauso, wie Sie mit den Flaschen verfahren, erfolgt zu Hause auch das Abfüllen des Bieres in **wiederbefüllbare Dosen** und Stahlfässer, welche, gut gereinigt, ebenfalls mittels Schlauches oder Ablaßventils befüllt werden können. Dies geschieht ebenfalls durch die Öffnung an der Oberseite der Dose, die mit einem Verschlußpfropfen aus Hartgummi wiederverschlossen wird.

Es läßt sich nicht ganz verhindern, daß beim Abfüllen einige Tropfen Bier verschüttet werden. Durch Unterstellen eines Auffanggefäßes lassen sich aber größere Verschmutzungen in den Arbeitsräumen leicht vermeiden.

Flaschenetiketten

Wenn Sie mehrere verschiedene Biere aus unterschiedlichen Brauversuchen im Keller oder im Kühlschrank lagern, können Sie von außen leider nicht immer feststellen, um welches Bier es sich dabei handelt. Aber auch für den richtigen Zeitpunkt der Verkostung Ihres Bieres sollten Sie die Flaschen, Fässer und Dosen zumindest mit dem **Ab-**

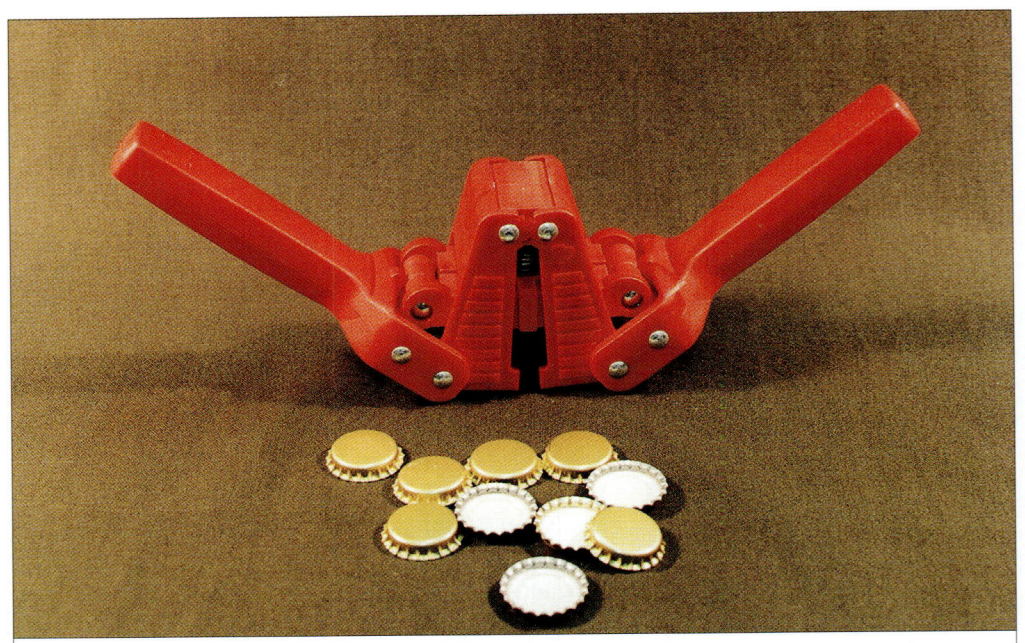

Kronenkorkenverschlußgerät für Euromehrwegflaschen

Historische Flaschenfüllanlage

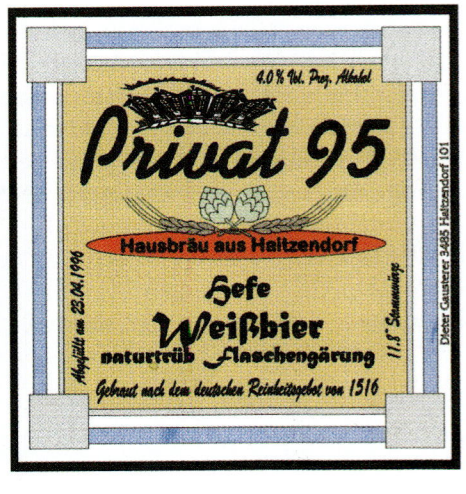

Muster einer Flaschenetikette

fülldatum kennzeichnen. Flaschenetiketten enthalten darüber hinaus aber auch noch viel mehr Informationen über das abgefüllte Bier: Stammwürze- und Alkoholgehalt sowie Typenbezeichnung, Angaben über die Abfülldaten und die Haltbarkeit des Bieres ergänzen diese Daten auf den Flaschenetiketten. Gekaufte Biere erfüllen mit den Flaschenetiketten aber auch noch andere Funktionen, wie Werbe- und Verkaufszwecke.

Angesichts der vielen Mühen, die Sie sich bis hierher mit der Erzeugung Ihres selbstgebrauten Bieres gemacht haben, sollten Sie nicht davor zurückschrecken, eigene Etiketten zu entwerfen! Wichtige Angaben, wie **Abfülltag** oder **Typenbezeichnung,** gehören auf jeden Fall auf jedes Bieretikett.

Mit individuell gestalteten Flaschenetiketten haben Sie aber auch die Möglichkeit, aus Ihrem selbstgebrauten Bier für Freunde und Bekannte ein ganz **persönliches Geschenk** zu machen!

LAGERUNG DES FERTIGEN BIERES

Das in Flaschen oder wiederbefüllbare Dosen abgefüllte Bier ist jetzt zwar fertig und wird als **Jungbier** bezeichnet, es muß aber noch einige Zeit zur **Nachreifung** und Lagerung im Lagerkeller verbringen. Bei dieser Nachreifung – bei Ihrem selbstgebrauten Bier in der Flasche – wird das fertige Bier mit **Kohlensäure angereichert,** und seine Geschmackskomponenten entwickeln sich dabei weiter. Einige Tage bleiben daher die Flaschen noch bei Gärtemperatur zur Nachreifung; bei obergärigen Bieren an einem warmen Ort. Bei untergärigen beträgt ja die Gärtemperatur 4–8° C, so daß diese Biere sofort kühl gelagert werden können. Der jetzt bei der Nachgärung in den Flaschen entstehende **Überdruck** kann nicht aus diesen entweichen. Daher eignen sich, wie erwähnt, Bügelverschlußflaschen besonders gut, um durch kurzes Öffnen und sofortiges Wiederverschließen den eventuellen Überdruck entweichen zu lassen. Dosen und Flaschen, die mit Kronenkorken bzw. Hartgummiverschlußstücken verschlossen wurden, können jedoch in dieser Form nicht entlüftet werden; bei ihnen muß daher der Zeitpunkt des Abfüllens zuvor ganz exakt mittels Bierspindel bestimmt werden, damit sich noch genügend Kohlensäure bei der Nachgärung in der Flasche bilden kann.

In den ersten Tagen nach der Hauptgärung überprüft man den Druck in den abgefüllten Bierflaschen **täglich,** um ein eventuelles **Zerbersten** der Bierflaschen durch den Überdruck bei der Nachgärung zu verhindern. Läßt der Druck beim Öffnen der Flaschen nach, was man am Geräusch deutlich unterscheiden kann, beendet man das Entlüften der Bierflaschen. Ein gewisser **Restdruck** an Kohlensäure ist aber für die Haltbarkeit des Bieres unbedingt erforderlich. Sollte sich nach dem ersten Tag beim Öffnen der Flaschen zum erstmaligen Entlüften kein Überdruck gebildet haben, war die Gärung des Bieres bereits beendet, und es kann sich im abgefüllten Bier auch keine

Kohlensäure mehr bilden. Ist dies der Fall, siehe die Möglichkeit zur Behebung dieses Braufehlers im Kapitel „Braufehler" auf Seite 111ff.

Das nunmehr durch die **Nachreifung** mit Kohlensäure angereicherte obergärige Bier wird nach einigen Tagen kühl gelagert. Für den vollständigen Abschluß der Nachgärung ist es von Vorteil, das Bier nun bei einer Temperatur von **2–4° C** zu lagern, wodurch die obergärige Hefe inaktiv wird. Aber Achtung: Bier ist sehr licht- und auch temperaturempfindlich! Als nur leicht alkoholhaltiges Getränk **gefriert** Bier bereits bei einer Temperatur von **–2° C;** nach dem Auftauen sind gefrorene Biere zumeist trüb und haben einen unangenehmen Nachgeschmack. Nicht zu verwechseln sind diese Lagerfehler mit den **Eisbieren,** bei denen das Ausfrieren bewußt eingesetzt wird, um einen besonderen Geschmack zu erreichen. Auch abrupte Temperaturschwankungen schaden dem Bier; es ist daher von der Unsitte, zu warmes Bier durch kurze Lagerung im Tiefkühlschrank rasch abzukühlen, abzuraten.

Lagern Sie daher Ihr Bier – sei es gekauft oder selbst gebraut – immer stehend in einem dunklen Raum bei 8° C. Diese **optimale Lagertemperatur** ist auch die beste Trinktemperatur; allerdings können stärkere Biere, wie beispielsweise Bock- oder Spezialbiere, durchaus auch bei höheren Temperaturen getrunken werden, da sich die Aromen bei etwas höheren Temperaturen besser entfalten; Leichtbiere und alkoholreduzierte Biere können auch kälter als bei 8° C serviert und konsumiert werden.

Obergärige Biere benötigen in der Flasche eine kürzere Nachreifzeit als untergärige; sie sind nach **2 Wochen** bereits **trinkfertig.** Diese Biere sind aber nur beschränkt haltbar und sollten nach der Reifung innerhalb von 8–10 Wochen verbraucht werden. Je länger die Biere in der Flasche lagern, desto klarer werden sie, da sich die Hefebestandteile und Trübstoffe als **Bodensatz** absetzen. Wird das Bier beim Einschenken vorsichtig aus der Flasche in das Glas geleert, verbleibt dieser Bodensatz in der Flasche, und das Bier im Glas ist herrlich klar. Da Hefen aber lebende Organismen sind, sterben diese nach einiger Zeit ab, was in der Folge zu Geschmacksbeeinträchtigungen beim Biergenuß führen kann. In der Brauerei werden diese Hefebestandteile ja aus dem Bier gefiltert, und oft wird es zur besseren Lagerung noch durch Erhitzung über 78° C pasteurisiert. Aus einem lebenden Getränk (Lebensmittel) entsteht dabei ein völlig totes!

Untergärige Biere sind theoretisch länger haltbar, doch gilt auch für diese Hefen das oben Gesagte. Hefe stirbt ab, und dies kann in der Folge zu Geschmacksverlusten führen. Untergärige Biere entwickeln ihre vollen Aromen erst nach einer etwas längeren Lagerzeit, sind dann aber über einen längeren Zeitraum lagerfähig.

Brauprotokoll

Wie in diesem Buch bereits mehrfach erwähnt, sollten Sie von einigen Arbeitsschritten und -abläufen Aufzeichnungen in Form eines **Brauprotokolles** machen, einerseits, um aufgetretene Fehler zu erkennen und in Zukunft zu vermeiden, andererseits aber auch,

SUDBERICHT

Sudnr. [____]　　　　　　Datum: _____

Sorte	M	Sp	P	B

	kg	hl	°C	min	Uhrzeit	%
Malz: Stamag						
Koch						
Hopfen: 1.Gabe						
2.Gabe						
3.Gabe						
Milchsäure						
Gips						
Einmaischen						
ph _____						
aufheizen auf						
Rast						
Bottich						
aufheizen auf						
Rast						
aufheizen auf						
Kochen						
zubrühen auf						
Läuterrast						
Vorderwürze						
1.Nachguß						
2.Nachguß						
3.Nachguß						
Glattwasser						
Pfanne voll um						
Kochbeginn um						
Kochen						
Ausschlagen um						
ph _____						

Bemerkungen:

Biersieder: _____

um ein besonders gelungenes Bier möglichst exakt nachbrauen zu können. Die Brauereien sind darüber hinaus aufgrund steuerlicher Vorschriften angehalten, Aufzeichnungen zu führen, da ja Stammwürze und Ausstoß Basis für die Entrichtung der mengen- und stärkeabhängigen Biersteuer sind. Auch dient das Brauprotokoll zur **Nachkalkulation** und zur Ermittlung des **Ausbeutegrades** beim Brauen; es ist damit ein wichtiges Kontrollinstrument für das Erkennen von Rationalisierungseffekten in den Brauereien. Auf Seite 97 sehen Sie ein solches Brauprotokoll einer kleinen Brauerei, in das der zuständige Braumeister seine Aufzeichnungen einzutragen hat.

Für das Brauen zu Hause sind derart detaillierte Angaben meist nicht erforderlich, doch sollten auch Sie sich von jedem einzelnen Sud Aufzeichnungen machen, um **Fehler** eindeutig zuordnen und **Verbesserungen** im Brauablauf durchführen zu können.

Folgende Angaben sollte Ihr Brauprotokoll aber unbedingt enthalten:

- Datum des Brauens
- Menge des verwendeten Malzes (Schüttung), die Bezeichnung der Malzsorte und die jeweilige Mischung
- Menge des Brauwassers beim Einmaischen
- Einmaischtemperatur und Rastzeiten
- 1. Verzuckerungsrast (Eiweißrast) mit Rastzeit, Ergebnis der Jodprobe nach der Rast
- 2. Verzuckerungsrast mit Rastzeit, Ergebnis der Jodprobe vor und nach der Rastzeit
- Nachguß, d.h. die Wassermenge zum Nachschwemmen des Trebers
- Menge der Hopfenbeigabe, Sorte und Anzahl der Hopfengaben
- Kochzeit der Würze
- Menge der Hefebeigabe, Art der Hefe und Temperatur bei der Hefebeigabe
- Zeitpunkt der Hefebeigabe
- Stammwürze bei der Hefebeigabe
- Beginn der Hauptgärung (Bläschenbildung)
- Dauer der Hauptgärung
- Abfülldatum
- Dauer der Nachgärung in der Flasche
- Beginn der Lagerung im Kühlschrank
- Raum für besondere Bemerkungen oder Beobachtungen

Genauso wie Sie Ihr Bier durch eigene Etiketten kennzeichnen sollten, damit es zu keinen Verwechslungen kommt, sollten Sie zu jedem Bier ein Braupotokoll erstellen bzw. eigene Brauprotokolle entwerfen (Fotokopien).

VERKOSTEN DES FERTIGEN BIERES

Wenn Sie einmal bis hierher gelangt sind, steht Ihnen nunmehr der Höhepunkt Ihres Brauens zu Hause bevor: das **erstmalige Verkosten Ihres eigenen Bieres!** Genießen Sie diese Augenblicke, und sorgen Sie dafür, daß alles unter optimalen Bedingungen ablaufen kann. Über die beste Trinktemperatur von 8° C haben wir bereits im vorigen Kapitel berichtet. Aber nicht nur sie ist für den Biergenuß ausschlaggebend, es gibt auch noch andere Faktoren, die zu berücksichtigen sind. Allein der Anblick eines gut gezapften Bieres läßt einem das Wasser im Mund zusammenlaufen; wir genießen Bier ja nicht nur mit unseren Geschmacksnerven, sondern mit **allen unseren Sinnen.** Schon das Öffnen der Flasche erteilt uns akustisch Auskunft, ob sich genügend Kohlensäure in der Flasche gebildet hat. Auch über den Geruch des eingeschenkten Bieres können wir Rückschlüsse auf dessen Qualität ziehen, und ein Bier mit einer schönen Schaumhaube erfreut unser Herz. Mit unseren Geschmacksnerven überprüfen wir schließlich den Geschmack des Bieres und können **Qualitätsvergleiche** mit gekauften oder mit Bieren aus anderen eigenen Brauversuchen anstellen.

Nachdem sich bei Ihrem selbstgebrauten Bier ein **deutlicher Bodensatz** in der Flasche gebildet hat, ist beim Einschenken einige Vorsicht angebracht, damit nicht die gesamte Hefe und andere Trübstoffe in das Glas gelangen. Wurde das Bier lange genug kühl gelagert, ist es ziemlich klar und von der Durchsichtigkeit her durchaus mit gekauften Bieren zu vergleichen. Selbstverständlich können Sie die Hefebestandteile durch Schütteln der Flasche wie in einem Zwicklbier aufwirbeln und in das Bierglas fließen lassen. Viele Brauereien bieten gerade solche ungefilterten Zwicklbiere in letzter Zeit als besondere Spezialitäten an, auch Weizenbier wird unter der Bezeichnung „Hefeweizen" hefetrüb, d.h. ungefiltert angeboten.

Auch sollten Sie aus der Vielzahl verschiedener **Biergläser** ein Ihnen besonders zusagendes Glas auswählen, in dem Sie Ihr Bier verkosten wollen. Es gibt ja für die einzelnen Biersorten die unterschiedlichsten Gläser: von Biertulpen, die den Schaum besonders gut halten, für Pilsbiere über hohe, oben breitere Weizenbiergläser bis hin zu den kleinen Altbiergläsern. Beachten sollten Sie freilich, daß Biergläser nicht unbedingt mit fetthaltigen Geschirrspülmitteln gereinigt werden sollten; es empfiehlt sich auch nicht, aus diesen Gläsern fetthaltige Flüssigkeiten, wie beispielsweise Milch, zu trinken, da die Fettrückstände im Glas die Oberflächenspannung des Bieres zerstören und sich kein optimaler Schaum auf dem Bier bilden kann. Sie haben gewiß schon beobachtet, daß gute Wirte die Biergläser vor dem Zapfen noch einmal gründlich mit kaltem Wasser ausspülen, um die letzten Reste der Reinigungsmittel zu entfernen. Auch verwendet die Gastronomie zum Reinigen der Biergläser spezielle Reinigungsmittel, die keine fetthaltigen Rückstände hinterlassen.

Für Ihre Gläser zu Hause wird es meist ausreichen, sie gründlich mit heißem Wasser zu reinigen und dann kalt zu spülen. Stellen Sie die gereinigten Gläser anschließend

Bierbewertung

Optische Bewertung:

Farbe   1   2 ✓   3   4   5

Schaum   1 ✓   2   3   4   5

Geruchsbewertung: 1   2 ✓   3   4   5

Geschmacksbewertung:

Antrunk   1   2 ✓   3   4   5

Abgang   1   2   3 ✓   4   5

Nachgeschmack   1   2 ✓   3   4   5

Hopfengeschmack   1 ✓   2   3   4   5

Malzgeschmack   1   2 ✓   3   4   5

Hefegeschmack   1   2   3 ✓   4   5

Gesamteindruck: 1   2 ✓   3   4   5

An was erinnert mich das verkostete Bier? _Guinness_

Um welches Bier handelt es sich?_____

Dieses Bier würde ich kaufen (ja)   nein   vielleicht

Datum 21.4.97

mit der Öffnung nach unten auf ein Geschirrtuch zum Abrinnen, und lassen Sie diese trocknen.

Um ein möglichst objektives Urteil über Ihr selbstgebrautes Bier zu erhalten, sollten nicht nur Sie allein die **Verkostung** vornehmen, sondern bitten Sie Ihre Freunde und Bekannten zur Verkostung und ersuchen Sie diese um eine ehrliche Stellungnahme. Ein Vergleich, eventuell in Form eines **Blindversuches** mit gekauftem Bier, erleichtert sicher die Beurteilung Ihres Selbstgebrauten. Gerade diese Vergleiche schärfen Ihr Fingerspitzengefühl, um durch leichte Variationen bei den Zutaten bewußt Geschmacksveränderungen herbeizuführen. Seien Sie bei der Beurteilung Ihres Bieres ruhig kritisch, aber lassen Sie sich durch ungerechtfertigte, unqualifizierte Kritik nicht entmutigen. Es gibt nicht **das Bier;** vielmehr sollten Sie versuchen, ein Getränk zu brauen, das Ihren **ganz persönlichen Vorstellungen entspricht** und Ihnen schmeckt. Die Geschmäcker sind ja bekanntlich verschieden!

Auf Seite 103 finden Sie als kleine **Zapfkunde** noch einmal kurz dargestellt, wie Bier aus der Flasche bzw. aus dem Faß richtig gezapft bzw. eingeschenkt wird. Der Kult, der von einigen selbsternannten „Bierpäpsten" mit der Dauer eines richtig gezapften Bieres (Pils) getrieben wird, ist sicher übertrieben – andererseits ist ein Bier, das schon eine Minute nach erfolgter Bestellung bereits auf dem Wirtshaustisch landet und bei dem der Schaum bereits nach dem ersten Schluck in sich zusammenfällt, ganz gewiß nicht ordentlich gezapft. Die Wahrheit liegt – wie bei so vielen Dingen – in der Mitte: Ein gut gezapftes Bier kann ruhig **3–4 Minuten** benötigen; daß Pilsbier unbedingt 7 Minuten gezapft werden muß, entbehrt hingegen jeder sachlichen Begründung, vielmehr entweicht bei dieser langen Zapfzeit bereits sehr viel der erfrischenden Kohlensäure, und das Bier kann dann schal schmecken!

→ Eine Möglichkeit, Biere objektiv miteinander zu vergleichen, bietet ihnen ein einfaches Formular, wie es auf der gegenüberliegenden Seite abgebildet ist. Sie können damit ihre ganz persönliche Bewertung vornehmen.

101

MIT BIERKULTUR ZUM BIERGENUSS

EINSCHENKEN AUS DEM FASS

1. Das saubere Glas mit kaltem Wasser spülen.
2. Das Bierglas beim Einschenken grundsätzlich leicht schräg halten.
3. Zuerst das Glas 1/3 voll einschenken und das Bier absetzen lassen, bis der Schaum eine kompakte Form angenommen hat.
4. Vollschenken und warten, bis der zweite Schaumring kompakt ist.
5. Zum Schluß den dritten Schaumring aufsetzen, der erst zur richtigen „Haube" führt.
6. Der Einschenkvorgang kann bis etwa 3 Minuten dauern.

EINSCHENKEN AUS DER FLASCHE

1. Das saubere Glas mit kaltem Wasser spülen.
2. Das Bierglas wird kerzengerade gehalten, die Flasche im rechten Winkel dazu.
3. Das Bier wird in die Mitte des Glases gegossen, bis sich eine schöne Schaumkrone bildet.
4. Warten, bis sich der Schaum gesetzt hat, und durch Nachschenken eine „Haube" aufsetzen.
5. Der Einschenkvorgang dauert 2–3 Minuten.

Da Bier bekanntlich besonders appetitanregend ist, gehört zu einem guten Bier natürlich auch das passende Essen. Die Autoren haben aus dem Buch **„Kochen mit Bier"** von Christine Hlatky ein ganz spezielles Menü ausgewählt, bei dem von der Vorspeise über das Hauptgericht bis zur Nachspeise in allen Gerichten Bier als Zutat verwendet wird.

BIERSCHAUMSUPPE MIT GERSTENNOCKERLN

Biersuppe

$^1/_4$ l Fleischsuppe	mit der Hälfte von
$^1/_4$ l Obers (Sahne)	
50 g Butter	
$^1/_3$ l Bier	und der klein geschnittenen
1 Kartoffel	gut durchkochen.
Muskat	
Zitronenschale	
(unbehandelt)	
1 Prise Zucker	
1 Prise Zimt	
Salz	
Pfeffer	untermischen;
3 Eidotter	mit dem restlichen Bier abrühren und in die Suppe einrühren. Die restliche Butter mit dem Mixer einschlagen, damit die Suppe schön sämig wird. Nicht kochen lassen!

Gerstennockerln

50 g Butter	
1 Ei	flaumig rühren,
50 g Gerstenmehl	
1 Eßlöffel (EL) Sesam	
Koriander	dazugeben. Mit einem Löffel Nockerln formen, ins heiße Wasser einlegen und 6 Min. ziehen lassen. Das restliche Obers schlagen.

Die Suppe mit je einem Löffel Obers und Zimt bestreut servieren!

RINDSBRATEN IN BIERSAUCE

1 kg Rindfleisch (vom Hinteren)	mit
100 g Räucherspeck	spicken und mit
Salz	
Pfeffer	einreiben. In heißen
40 g Butter	von allen Seiten anbraten. Das grob geschnittene
150 g Wurzelwerk	und die fein gehackte
1 Zwiebel	dazugeben und mitrösten. Mit
40 g Mehl	stauben und durchrösten;
2 Tomaten	teilen und zusammen mit
1 EL Tomatenmark	beigeben. Mit
$^1/_8$ l Bier	ablöschen;
Rindsuppe	aufgießen, die Gewürze, wie
1 Lorbeerblatt	
10 Pfefferkörner	
1 Zweig Thymian	
Basilikum	beifügen und alles zusammen weichdünsten. Das Fleisch herausnehmen und warm stellen. Die Sauce passieren, aufkochen und mit
Salz	
Pfeffer	abschmecken. Das Fleisch quer zur Faser hin aufschneiden und mit der sämigen Sauce übergießen.

TIP:
Dazu schmecken Kartoffelknödel besonders gut!

GEEISTE BIERCREME MIT HEIDELBEERMUS

3 Stück Würfelzucker	an der
1 Orange (unbehandelt)	reiben und mit
$^1/_8$ l Doppelmalzbier	
4 Eidotter	
2 EL Honig	über Dampf zu einer Creme aufschlagen. In Eiswasser kalt schlagen, das steif geschlagene
$^1/_4$ l Obers	unterheben, in Förmchen füllen und tiefkühlen.

Creme stürzen und mit Heidelbeermus überziehen!

TIP:
Auch andere Fruchtsorten können zum Garnieren jederzeit verwendet werden!

Aus unserem Programm:

ISBN 3-7020-0711-3

Michael Hlatky / Franz Reil

BIERBRAUEN FÜR JEDERMANN

5. Auflage

128 Seiten mit zahlreichen ein- und mehrfarbigen Skizzen und Zeichnungen sowie 30 Farbabbildungen, farbiger Umschlag, celloleinkaschiert, brosch.

Das Bereiten von Bier ist seit mehr als siebentausend Jahren nachweisbar und über die ganze Erde verbreitet. Die Tradition, zu Hause Bier herzustellen – übrigens zunächst eine Domäne der Frauen –, ging nach dem Zweiten Weltkrieg in den deutschsprachigen Ländern Europas fast völlig verloren, wohingegen sich etwa Belgier, Niederländer, Briten und auch Amerikaner sehr wohl „ihr eigenes Bier" brauen. – Dieses Buch mit seiner Vielzahl von erprobten Rezepten will das verschüttete Wissen über Bierbrauen zu Hause wieder ans Tageslicht bringen, denn mit Wasser, Malz, Hopfen und Hefe sowie unter Verwendung von Geräten, die in jedem Haushalt vorhanden sind, läßt sich jederzeit und ohne besonderen Aufwand ein dem gekauften ebenbürtiges Bier herstellen.

Was also hindert Sie noch daran, für Ihren Eigenbedarf oder für eine gelungene Party mit Freunden Ihr ganz persönliches Bier nach eigenem Geschmack zu brauen?

BIER IST MEHR ALS NUR EIN DURSTLÖSCHER!

Bier, als natürliches Getränk, ist nicht nur ein ausgezeichneter **Durstlöscher,** sondern auch ein wertvoller Lieferant von **Mineralstoffen** und **Spurenelementen.** Da es kein Kochsalz enthält, wirkt es entwässernd, d.h. es wird vom Körper mehr Flüssigkeit ausgeschieden als durch den Bierkonsum aufgenommen wird.

Da Bier hinsichtlich seiner Zusammensetzung gleichsam „vorverdaut" ist, eignet es sich besonders gut als diätetische Aufbaunahrung nach schweren Erkrankungen und Operationen. Bier kann nämlich vom Körper leichter aufgenommen werden als feste Nahrung, ohne daß der Organismus bei der Verdauung zusätzlich belastet wird; es wirkt, darüber hinaus, noch leicht appetitanregend.

0,5 l Bier enthält:

455 g Wasser
20 g Alkohol
20 g Extrakte
2,5 g gelöstes Kohlendioxid (CO_2)
Vitamine, vor allem B_1 und B_2
Mineralstoffe, wie Kalium, Magnesium und Kalzium
Bitterstoffe
Organische Säuren
usw.

Bier wirkt insgesamt positiv, freilich enthält es auch Alkohol, wenn auch wenig im Vergleich zu anderen alkoholhältigen Getränken, wie Wein oder gar Schnaps. Wie schon Paracelsus in der frühen Neuzeit festgestellt hat, ist ausschließlich die Dosierung für „Gift" oder „Nicht-Gift"entscheidend. Bier als **Genußmittel** regt die **Herz-Kreislauf-Funktion** an, fördert die **Verdauung,** wirkt sich positiv auf die **Durchblutung** aus und schwemmt beim Ausscheiden über die Nieren viele Schadstoffe aus dem Körper. Maßvoll genossen, wirkt es entspannend, schlaffördernd und steigert das allgemeine Wohlbefinden.

Untersuchungen an Sportlern, die ihren Körper ausdauernd belasten, haben gezeigt, daß Bier nicht nur rasch verlorene Flüssigkeit ersetzen kann, sondern auch **leistungssteigernde** Mineralsalze und Spurenelemente liefert. Bier wirkt wie ein **Elektrolytgetränk.** Die Konzentrations- und Leistungsfähigkeit konnten bei Ausdauersportlern durch mäßigen und kontrollierten Bierkonsum ebenfalls gesteigert werden.

Klinische Untersuchungen haben die positiven Auswirkungen des Bierkonsums auf die **Milchproduktion** stillender Mütter erwiesen, ohne daß durch den (geringen) Alkoholgehalt schädliche Nebenwirkungen aufgetreten wären. Auch **Schwangeren** wird zur Ergänzung der Nahrung mit Mineralsalzen und Kalzium, Phosphor und Magnesium empfohlen, in den letzten Wochen der Schwangerschaft Bier zu trinken.

Die **Nahrhaftigkeit des Bieres** wird meist maßlos überschätzt. Es wirkt appetitanregend, weshalb nach dem Biergenuß mehr feste Nahrung aufgenommen wird als sonst. Dies führt in der Folge zur Gewichtszunahme. Bier an sich ist **kein „flüssiges Brot"** oder gar eine **„Kalorienbombe".** Es **wirkt entwässernd,** ist besonders natriumarm und enthält kein Cholesterin. Deshalb eignet es sich auch besonders für Personen, die durch kochsalzarme Kost ihren **Blutdruck senken** wollen.

BIER HAT WENIG KALORIEN

Getränke	Kalorien/100 g	Joule/100 g
Lager-/Märzenbier, 12 Grad	45	188
Spezialbier, 13 Grad	49	205
Limonade	45–60	188–251
Wein	60–65	251–272
Vollmilch	65	272
Sekt	100–130	419–544
Süßwein	150	628
Whisky	300	1256

Quelle: „Readers Digest".

BRAUFEHLER

Auch bei größter Sorgfalt und unter Einhaltung der zu Hause möglichen hygienischen Auflagen kann es vorkommen, daß Ihr Bier nicht das von Ihnen erwartete Ergebnis zeigt. Wie bereits im Kapitel „Brauprotokoll" ausgeführt, ist es daher unbedingt notwendig, Aufzeichnungen zu führen, um diese Braufehler zu erkennen und bei den nächsten Versuchen tunlichst zu vermeiden.

Selbstverständlich sind die Angaben über die möglichen Braufehler **nicht vollständig,** und es können noch wesentlich mehr Ursachen für Brau- und Gärfehler auftreten. Bei den hier kurz beschriebenen Mißgeschicken handelt es sich um die am häufigsten auftretenden Probleme beim Brauen zu Hause, wobei aber auch nur ein Teil davon mit den Ihnen zur Verfügung stehenden Mitteln behoben werden kann. Es sollte daher für Sie immer der Grundsatz gelten: **Vorbeugen ist besser als Heilen!**

Die Maxime beim Brauen sowohl zu Hause wie auch in einer Brauerei ist das peinlichst genaue Einhalten der hygienischen Voraussetzungen, das Verwenden möglichst frischer Zutaten und das exakte Einhalten der Rastzeiten bei den angegebenen Temperaturen.

Mit diesem Kapitel möchten wir Ihnen auch eine **Hilfestellung** geben, wie Sie Ihr Bier, in dessen Herstellung Sie so viel Zeit und Mühe investiert haben, noch retten können, sollte doch einmal etwas schiefgelaufen sein. Einige dieser Tricks entsprechen nicht immer den strengen Bestimmungen des Deutschen Reinheitsgebotes, auf keinen Fall geben wir Ihnen aber Ratschläge zur Verwendung gesundheitsschädlicher Substanzen oder gar Hinweise auf den Einsatz von **giftigen Chemikalien.** Auch die Brauereien bedienen sich dieser mehr oder weniger zulässigen Tricks, um bei aufgetretenen Problemen ihr Bier zu retten, wobei sie freilich über das hierfür nötige Fachwissen verfügen, um auch mit chemischen Substanzen umgehen zu können.

Viele Brau- bzw. Gärfehler können nicht nur eine Ursache haben, vielmehr treten verschiedene Möglichkeiten und Kombinationen auf, die Sie anhand Ihrer Aufzeichnungen in Ihrem Brauprotokoll genau zuordnen müssen.

DAS BIER GÄRT NICHT

Einer der häufigst auftretenden Gärfehler ist, daß das abgekühlte Bier nicht zu gären beginnt. Die Gärung müßte bei normalem Gärverlauf in einem Zeitraum von **12–24 Stunden** beginnen, erkennbar an der Bildung einer **weißen Bläschenschicht** an der Oberfläche der Gärflüssigkeit. Setzt die Gärung nach dieser Zeit nicht ein, kann dies mehrere Ursachen haben:

- Das **Malz** war nicht mehr in Ordnung, und es konnte sich beim Maischen kein vergärbarer Malzzucker bilden. Haben Sie die **Jodprobe** gemacht? Wie war das Ergebnis? Welchen Wert ergab die Bestimmung der **Stammwürze?** Schmeckte die Würze süßlich? Haben Sie die angegebenen **Rastzeiten** für die Bildung von Malzzucker eingehalten?

Hat sich kein Malzzucker gebildet, war die Jodprobe negativ, und zeigt die Bestimmung der Stammwürze an, daß sich kein Malzzucker gebildet hat, kann sich dann auch bei der Vergärung kein Bier bilden. Diese **Würze ist zum Vergären ungeeignet** und kann nur entsorgt werden!

- Die Hefe war nicht mehr **aktiv.** Entweder war sie bereits zu **alt,** wurde unsachgemäß gelagert oder der noch zu heißen Würze beigegeben und damit **abgetötet.** Ist der Stammwürzegehalt zu hoch (über 16° Stammwürze), kann es auch zu einem **Hefeschock** – und damit zu einer Inaktivität der Hefe – kommen.

  Haben Sie noch die gleiche Hefe zu Hause, können Sie diese auf ihre **Gärfähigkeit** überprüfen, indem sie in Fruchtsaft oder Zuckerwasser aufgelöst wird. Nach einiger Zeit müßten sich Bläschen an der Oberfläche bilden. Diese Hefe können Sie für das Vergären verwenden, wenn es nur an der Hefe liegen sollte und sonst keine Gründe für den Mißerfolg vorliegen. Steht die Würze schon einige Zeit, ohne zu gären zu beginnen, empfiehlt es sich, sie vor der neuerlichen Beigabe frischer Hefe noch einmal zum Kochen zu bringen und damit noch einmal zu sterilisieren.

- Befinden sich zu viele **Trübstoffe** in der Würze, kann es zu einer Unterdrückung der Gärung oder zu Schmiergärungen kommen.

  Durch nochmaliges **Filtern** der Würze über eine frische Stoffwindel und durch Beigabe von **frischer Hefe** können Sie diese Würze zum Gären bringen. Auch hier empfiehlt es sich, vor der Beigabe frischer Hefe die Würze durch Kochen noch einmal zu sterilisieren.

- Durch unsauberes Arbeiten können **Infektionen** in der Würze entstehen, die die Gärung unterdrücken oder behindern.

  Durch nochmaliges **Aufkochen** der Würze wird sie noch einmal sterilisiert, und durch Beigabe **frischer Hefe** kann wieder eine ordentliche Gärung einsetzen.

DAS FERTIGE BIER SCHMECKT BITTER

Wenn Bier bitter schmeckt, haben Sie meist zu **viel** oder zu **intensiven Hopfen** verwendet. Gerade Hopfenpellets und flüssiger Hopfenextrakt sind beinahe doppelt so intensiv wie der getrocknete Naturhopfen. Verwenden Sie bei Ihren nächsten Brauversuchen weniger Hopfen, und machen Sie sich entsprechende Aufzeichnungen im Brauprotokoll.

Eine weitere Ursache für bitteres Bier kann zu hartes Wasser sein. Bei **hartem Wasser** braucht man bei gleichem Ergebnis deutlich weniger Hopfen als bei weichem Wasser. Durch **Verschneiden** mit gekauftem Bier – im Verhältnis 1:1 – können Sie zu bitteres

Bier ebenfalls genießbar machen. Eine weitere Möglichkeit ist die Verwendung dieses Bieres zum Mischen mit Fruchtsäften oder Zitronenlimonade in Form eines **„Radlers".**

DAS FERTIGE BIER SCHMECKT ZU MALZIG

Haben Sie **zu wenig Hopfen** beigegeben, schmeckt das fertige Bier eher malzig.
Durch **Verschneiden** mit gekauftem Bier können Sie auch Ihr Bier wieder trinkbar machen.
Eine weitere Möglichkeit, zu malziges Bier im nachhinein mit Hopfen anzureichern, ist die **Beigabe von Flüssighopfen:** entweder in die Flasche oder einige Tropfen in das fertige Bier.

DAS FERTIGE BIER SCHMECKT SAUER

Einer der häufigsten Fehler bei der Vergärung von Bier ist, daß das fertige Bier **sauer** schmeckt. Ursache dafür ist zumeist, daß sich **Milchsäurebakterien** oder, eher selten, **Essigsäurebakterien** gegenüber den Reinzuchthefen, die Sie der Würze beigegeben haben, behaupten konnten. Aber auch die in der Raumluft enthaltenen **„wilden Hefen"** können sich sehr oft gegenüber diesen Reinzuchthefen durchsetzen. Ursache und Auslöser für die Verunreinigung mit diesen wilden Hefen und Bakterien können schlecht gereinigte Gärgeräte und Gefäße sein. Achten Sie daher auf hygienisch möglichst einwandfreie Bedingungen.
Beheben können Sie den Fehler **„saures Bier"** nicht mehr; das fertige Bier ist damit **verdorben.** Merken Sie, daß Ihr Bier leicht sauer schmeckt, können Sie durch Mischen mit Fruchtsaft eine *Berliner Weiße* herstellen. Auch durch Mischen mit Zitronenlimonade lassen sich diese Geschmacksbeeinträchtigungen überdecken und dieses Bier für den Genuß zumindest tauglich machen. Saures Bier ist ja nicht gesundheitsschädlich. Durch Beigabe einer Essigmutter können Sie bewußt aus diesem sauren Bier **Bieressig** erzeugen.

DAS FERTIGE BIER ENTHÄLT ZU WENIG ODER KEINE KOHLENSÄURE

Die natürliche Kohlensäure verleiht dem Bier seinen **erfrischenden, spritzigen** Geschmack. Fehlt diese natürliche Kohlensäure, schmeckt das Bier wenig erfrischend und schal. Es gibt mehrere Ursachen und Zeitpunkte während des Brauprozesses, bei dem die Kohlensäure aus dem Bier entwichen sein kann.

Neben den unten angeführten Maßnahmen haben Sie auch die Möglichkeit, dieses Bier ohne Kohlensäure durch **Mischen** mit gekauftem Bier trinkbar zu machen.

- Die Kohlensäure ist durch zu **schnelles** Abfüllen in die Flaschen aus dem Bier entwichen.
  Durch vorsichtiges Abfüllen in die Flaschen kann dieser Fehler in Zukunft vermieden werden.
  Führen Sie einen Schlauch bis zum Boden der Bierflasche, und befüllen Sie diese mit Bier vom Flaschenboden nach oben.
- Die Hauptgärung war bereits **abgeschlossen,** daher konnte sich bei der Nachgärung in der Flasche keine natürliche Kohlensäure mehr bilden.
  Wenn Sie merken, daß sich bei der Nachgärung in der Flasche **keine Kohlensäure** mehr bildet, haben Sie die Möglichkeit, durch Beigabe von einem Teelöffel **Zucker** pro Flasche und durch Nachgärung in der Flasche eine Anreicherung des Bieres mit Kohlensäure zu erreichen. Diese **Zuckerbeigabe** entspricht freilich nicht den strengen Bestimmungen des Deutschen Reinheitsgebotes, doch können Sie damit Ihr Bier mit Kohlensäure anreichern, und das ist ja wohl das Wichtigste. Sie müssen dann diese Flaschen noch 1–2 Tage bei Gärtemperatur lagern; bei obergärigen Bieren 15–20 ° C, bei untergärigen 4–8° C.
  Größere Flaschen benötigen mehr Zucker, kleinere weniger als einen Teelöffel.
- Beim Abfüllen des fertigen Bieres gelangten zu **wenig Hefen** in die Flaschen, um eine ordentliche Nachgärung zu bewirken.
  Durch Beigabe von in Wasser frisch gequollener oder flüssiger Hefe kann eine Nachgärung in der Flasche gestartet werden. Eventuell auch Beigabe von Zucker, wie oben angeführt.
- Die **Gummidichtungen** Ihrer Bügelverschlußflaschen sind bereits verbraucht, dadurch konnte die Kohlensäure entweichen, oder der **Draht** des Verschlusses erzeugt zu wenig Druck, damit die Flasche ordentlich verschlossen wird.
  Neue Gummidichtungen können dieses Problem lösen. Auch durch **Nachbiegen** der **Drahtbügel** der Flaschen können Sie den Druck auf die Flaschenöffnung verstärken und damit ein Entweichen der Kohlensäure verhindern.

ZU VIEL KOHLENSÄURE IM BIER

Zu viel Kohlensäure im Bier kann sich dadurch bilden, daß dessen **Hauptgärung** noch nicht abgeschlossen war und die anschließende Nachgärung in der Flasche einen sehr großen Überdruck erzeugte. Hier besteht die Gefahr, daß der große Druck zum **Zerbersten** der Flasche führen kann. Diese Flaschen sind richtiggehend Bomben, die auch Menschen durch **umherfliegende Splitter** gefährlich werden können!

- Wenn Sie beim **Entlüften** der Bierflaschen bemerken, daß der **Druck** in der Flasche zu groß ist, bedeutet dies, daß zumeist die Hauptgärung **noch nicht abgeschlossen** war und das Bier in der Flasche mit entsprechendem Überdruck nachgärt. Auch durch Verunreinigungen der Flaschen können sich starke Gärungen in den Flaschen bilden.

  Durch vorsichtiges **Öffnen** und sofortiges Schließen der Bügelverschlußflaschen können Sie diesen Überdruck **entweichen** lassen. Vorsicht beim Öffnen der Flaschen, damit Ihnen das Bier nicht ins Gesicht spritzt! Das Entlüften solcher Flaschen sollte am Anfang – wenn der Überdruck am größten ist – **mehrmals** täglich erfolgen. Wenn der Druck nachläßt, wird nur mehr einmal am Tag oder alle zwei Tage entlüftet. Ein gewisser Druck sollte sich aber auf jeden Fall noch in der Flasche bilden können, einerseits, damit das Bier mit Kohlensäure angereichert wird, andererseits wirkt die Kohlensäure konservierend, so daß das Bier nicht verdirbt.

SONSTIGE FEHLER BEIM BIER

Die hier beschriebenen Fehler sind, wie gesagt, nur die **häufigst** auftretenden beim Bierbrauen zu Hause. Selbstverständlich gibt es noch **viele andere Fehler** sowie unglückliche Kombinationen von Brau- und Gärfehlern, die hier aufzuzählen den Rahmen dieses Buches sprengen würden.

Zusammenfassend kann gesagt werden, daß beim Brauen zu Hause die meisten Fehler durch **mangelnde Hygiene, schlechtes Malz** und **schlechte Brauhefen entstehen,** wobei, wie gesagt, nur ein kleiner Teil dieser Faktoren von Ihnen bewußt beeinflußt und verändert werden kann. Es ist freilich schlimm, wenn das Ergebnis Ihrer stundenlangen Braubemühungen durch diese Umfeldeinflüsse gestört oder gar völlig zunichte gemacht wird; andererseits treten diese Fehler auch nicht immer auf bzw. man lernt aus ihnen und versucht, sie bei den nächsten Brauversuchen zu vermeiden.

BIERSPEZIALITÄTEN IN EUROPA

In diesem zweiten Teil des Buches haben wir uns bemüht, **regional typische Biere** aus-
zuwählen, die den Charakter und die Bierkultur des jeweiligen Landes widerspiegeln.
Daneben geben wir Ihnen auch einen kurzen Überblick über die **Biertradition** des jeweiligen Landes mit Kuriositäten – ohne allerdings den Anspruch auf Vollständigkeit
erheben zu wollen.
Alle Biere werden in der Rezeptbeschreibung mit dem **Infusionsverfahren** – als dem
für das Brauen zu Hause einfachsten Brauverfahren – erörtert. Selbstverständlich können Sie alle diese Biere auch nach dem **Dekoktionsverfahren** herstellen, wobei wir Sie
für diesen Fall auf das Kapitel „Dekoktionsverfahren" auf Seite 66 verweisen möchten.
Neben dem Rezept finden Sie auch bereits die Angabe, ob es sich um ein unter- oder
obergäriges Bier handelt.
Im einschlägigen Versandfachhandel gibt es bereits eine Vielzahl unterschiedlichster
Malzmischungen, fertig zusammengestellt oder auch als sortenreine Malze, geschrotet oder auch noch ungeschrotet. Dennoch werden Sie oftmals nicht immer das 100%ig
geeignete Malz für das jeweilige Rezept erhalten, wie es bei den Originalbieren im entsprechenden Land verwendet wird. Dasselbe gilt ebenfalls für die Brauhefen, welche
von den Brauereien zum Teil patentrechtlich geschützt und Ihnen daher selbstverständlich für das Brauen zu Hause nicht, oder nur in Ausnahmefällen, zur Verfügung
stehen werden. Sie müssen sich daher mit den von Ihnen erreichbaren Rohstoffen behelfen, ganz zu schweigen vom optimalen Brauwasser und der jeweiligen Hopfenmi-
schung sowie deren geschmackbestimmenden Einflüssen auf das fertige Bier.

**Lassen Sie sich aber nicht entmutigen, und machen Sie aus den Ihnen zur Verfü-
gung stehenden Rohstoffen das Beste!**

BELGIEN

In keinem Land Mitteleuropas gibt es eine derartige Sortenvielfalt an verschiedenen Bieren auf so kleinem Raum wie in Belgien. Heute werden dort rund **800 verschiedene Bierspezialitäten** angeboten, und für die Belgier haben das Bier – und die dazugehörende **Bierkultur** – einen ähnlichen Stellenwert wie für die Franzosen der Wein. Diese Bierkultur ist nicht neu, sondern historisch gewachsen, auch wenn viele Einflüsse aus angrenzenden Bierländern wie Deutschland, aber auch von Großbritannien übernommen wurden. Gerade auch das Kochen mit Bier hat in Belgien eine lange Tradition, und es ist verblüffend, welche Geschmacksnuancen sich mit diesen Bieren erzielen lassen.

Eine ganz besondere Spezialität Belgiens sind die *Lambicbiere,* welche durch **spontane Gärung,** ohne Beigabe von Reinzuchthefen, erzeugt werden. Diese Bierspezialitäten stammen noch aus der Zeit, als man noch nicht gelernt hatte, bei der Biererzeugung mit Hefen umzugehen. Der **säuerliche Geschmack** der bei diesen durch Spontangärung entstandenen Bieren ist auch nicht jedermanns Sache; sie sind eigentlich nicht mit den uns bekannten Bieren vergleichbar – am ehesten noch mit dem säuerlichen Geschmack einer *Berliner Weiße.* Auch die Beigabe von Früchten, hauptsächlich **Kirschen, Himbeeren** und **Erdbeeren,** zu Weizenbieren bringt ungewohnte, aber durchaus reizvolle Geschmacksvarianten hervor. Selbst wenn diese Zutaten nicht dem Reinheitsgebot entsprechen, sind diese Früchte ja doch natürliche Zutaten, die im Maischeprozeß ihre geschmackbestimmenden Bestandteile und ihren Zuckergehalt an die Maische abgeben.

Viele dieser Bierspezialitäten werden in Belgien obergärig gebraut, wobei der Form der Flaschengärung eine ganz besondere Bedeutung zukommt. Die fünf belgischen **Klosterbrauereien** und eine Klosterbrauerei in den benachbarten Niederlanden brauen mit dem *Trappistenbier* einen eigenen Biertyp, der durch die *Methode champenoise* einer Nachgärung in der Flasche unterzogen wird, bei der im Maischeprozeß **Kandiszucker** und anschließend auch dem Bier in der Flasche zur Nachgärung beigefügt wird. Durch diese Champagnerreifung in der Flasche bildet sich dort auch ein deutlicher Bodensatz aus Hefe.

Belgische Weißbiere unterscheiden sich von ihren deutschen Verwandten dadurch, daß anstelle von Weizenmalz überwiegend geschroteter Weizen in Form von **Rohfrucht** eingesetzt wird, was auch von Ihnen zu Hause beim Brauen nachvollzogen werden kann – gerade vor allem dann, wenn Ihnen kein gemälztes Weizenmalz zur Verfügung steht. Neben diesen regionaltypischen Sorten werden in Belgien aber auch viele Biere nach englischer Tradition, *Ale, Stout* und *Porter,* erzeugt.

Als Schutzpatron ihrer Biere betrachten die Belgier, wie z.T. auch die Deutschen und Tschechen, **Gambrinus als den König der Biere.** Der Name „Gambrinus" stammt wahrscheinlich von Jan I., König von Flandern, der zur Zeit Karls des Großen der Legende nach im heutigen Belgien lebte.

BELGISCHES WEIZENBIER (OBERGÄRIGES BIER) – LAMBICBIER

für 10 l Bier	für 20 l Bier

1,5 kg	helles Malz	3 kg	helles Malz
1 kg	Weizen (ungemälzt)	2 kg	Weizen (ungemälzt)
25 g	Hopfen (Pellets)	45 g	Hopfen (Pellets)
8 l	Wasser	14 l	Wasser
Nachguß 8–9 l Wasser		Nachguß 10–12 l Wasser	
Trockenhefe oder		Trockenhefe oder	
Flüssighefe (obergärig)		Flüssighefe (obergärig)	

Einmaischen bei 45° C.
Eiweißrast bei 55° C (15 min.).
Erwärmen auf 65° C, 30 min. Verzuckerungsrast (Jodprobe!)
Erwärmen auf 72° C, 30 min. Endverzuckerungsrast (Jodprobe!)
Erwärmen auf 78° C, 30 min. Rast, danach abläutern.
Der Restzucker der Maische wird mit 78° C warmem Wasser ausgewaschen.

Kochen mit dem Hopfen. Hopfen auf 2 Hopfengaben verteilt.
Filtern und abkühlen, dann die obergärige Hefe beigeben.
Gärzeit 2–3 Tage.
Lagerzeit 4–6 Wochen.

Da dieses Weizenbier mit **Rohfruchtbeigabe** gebraut wird, achten Sie bitte besonders darauf, daß sich das ungemälzte Getreide, das schwerer als Malz ist, nicht am Boden des Maischegefäßes anlegt. Auch enthält der ungemälzte Weizen **keine Enzyme** zum Aufspalten der Stärke in Malzzucker und Dextrin, daher müssen die Enzyme des Gerstenmalzes die Aufspaltung der Stärke des Weizens zusätzlich übernehmen, was freilich nur dann ausreichend funktioniert, wenn das Gerstenmalz entsprechend viele aktive Enzyme enthält, also recht frisch geschrotet ist. Die Definition der *Lambicbiere* fordert, daß ein Mindestanteil von 30% ungemälztem Weizen enthalten sein muß; der Rest ist Gerstenmalz. In Belgien werden diese Biere normalerweise durch Spontangärung vergoren, d.h. ohne die Beigabe von Reinzuchthefe. Für das Brauen zu Hause können wir Ihnen dieses Verfahren nicht empfehlen, da es zu völlig unkontrollierbaren Ergebnissen führen kann. In Belgien werden den Weizenbieren durch die Beigabe von Früchten, wie **Kirschen, Erdbeeren** und **Himbeeren,** besondere Geschmacksnuancen verliehen. Das oben beschriebene Bier dient als Grundlage für diese **Fruchtbiere,** welche ein leicht säuerliches Getränk ergeben, das

Zwei Trappistenbiere aus den Klosterbrauereien Belgiens

Zwei typische belgische Bierspezialitäten in champagnerähnlichen Flaschen

nicht jedermanns Geschmack ist. *Gueuze* ist eine Mischung aus jungen und alten *Lambicbieren*, die, ähnlich dem Champagner, eine Nachgärung in der Flasche durchmachen und vom Geschmack her auch recht säuerlich sind.

Beim Vergären dieser Weizenbiere entsteht relativ viel Kohlensäure, die durch mehrmaliges Öffnen der Flaschen entsprechend entlüftet werden muß.

„TRAPPISTENBIER" (OBERGÄRIGES BIER)

für 10 l Bier		für 20 l Bier	
3 kg	helles Malz (Pilsner Malz)	6 kg	helles Malz (Pilsner Malz)
200 g	Kandiszucker	400 g	Kandiszucker
20 g	Hopfen (Saazer Hopfen)	40 g	Hopfen (Saazer Hopfen)
	Naturhopfen		Naturhopfen
8 l	Wasser	13 l	Wasser
Nachguß 8–10 l Wasser		Nachguß 12–14 l Wasser	
Trockenhefe oder		Trockenhefe oder	
Flüssighefe (obergärig)		Flüssighefe (obergärig)	

Einmaischen bei 35° C.
Eiweißrast bei 55° C (20 min.).
Erwärmen auf 65° C, 30 min. Verzuckerungsrast (Jodprobe!).
Erwärmen auf 72° C, 30 min. Verzuckerungsrast (Jodprobe!).
Erwärmen auf 78° C, 30 min. Rast, danach abläutern.
Der Restzucker der Maische wird mit 78° C warmem Wasser ausgewaschen.

Kochen mit dem Hopfen. Hopfen auf 2–3 Hopfengaben verteilt. Getrockneter Naturhopfen aus Saaz.
Filtern und abkühlen, dann die obergärige Hefe beigeben.
Gärzeit 3 Tage. Nachgärung durch Beigabe von Kandiszucker und frischer Hefe in der Flasche.
Lagerzeit 6–10 Wochen.

Dieses *Trappistenbier* ist ein besonders starkes, helles obergäriges Spezialbier, welches in den **fünf Klosterbrauereien** in Belgien und in einer Klosterbrauerei in den angrenzenden Niederlanden produziert wird. Nur ein in diesen Trappistenbrauereien gebrautes Bier darf die Bezeichnung *Trappistenbier* führen. Verwendet werden für diese Spezialität helle Pilsmalze und dieselben Hopfensorten wie für die *Pilsbiere*. Als Besonderheit wird beim Brauen der Maische **Kandiszucker** beigegeben, genauso wie eine geringe Menge Kandiszucker für die Nachgärung in der Flasche Verwendung findet. Für die Nachgärung wird nochmals frische Hefe der Flasche beigegeben. Daß diese Flaschen durch die Zucker- und Hefebeigabe besonders entlüftet werden müssen, versteht sich von selbst.
Infolge seines hohen Stammwürze- und Alkoholgehalts benötigt dieses obergärige Bier auch eine relativ lange Lagerung, damit sich sein Geschmack voll entwickelt, was bei obergärigen Bieren eher unüblich ist.

DEUTSCHLAND

Heutzutage gilt – ob zu Recht oder Unrecht, steht hier nicht zur Debatte – die Bundesrepublik Deutschland als **das** klassische Bierland Mitteleuropas. Das untergärige Bierverfahren wurde zwar in **Kleinschwechat** bei Wien und in **Pilsen** entwickelt, und auch die Tschechen trinken heute mehr Bier als der deutsche Konsument im Durchschnitt, aber der Einfluß des **Deutschen Reinheitsgebotes von 1516** erklärt, weshalb die Deutschen so stolz auf ihr Bier sind und mit allen Mitteln um die Erhaltung dieser Regelung – leider ziemlich erfolglos – gekämpft haben. Von vielen anderen Mitgliedern der EU wurde diese Regelung, die vordringlich der Hebung der Bierqualität dienen sollte, als ungerechtfertigte Einschränkung des freien Warenverkehrs (und damit als wettbewerbsverzerrende Maßnahme) angesehen. Mittlerweile haben sich in dieser Angelegenheit die Wogen zwar wieder etwas geglättet, und viele Braukonzerne, die den deutschen Markt bedienen wollen, brauen ihr Bier heute trotz EU-Bestimmungen freiwillig nach den strengen Vorgaben des Deutschen Reinheitsgebotes. Zwar sind in diesen Bestimmungen noch nicht alle Rohstoffe für das Brauen enthalten, da Hefe als Auslöser der alkoholischen Gärung im Jahr 1516 noch gar nicht bekannt war, somit die Beigabe von Reinzuchthefe nach strenger Auslegung des Reinheitsgebotes auch nicht zulässig wäre! Viele Bestimmungen, beispielsweise im Österreichischen Lebensmittelkodex und im Schweizer Lebensmittelrecht, sind wesentlich restriktiver als die einschlägigen Bestimmungen des Deutschen Biersteuergesetzes. Trotz allem spiegelt aber gerade dieses Deutsche Reinheitsgebot das Bierverständnis der Deutschen besonders gut wider, und viele Brauer in der EU nehmen sich diese Bestimmungen als Vorbild – gerade dann, wenn sie mit ihren Bieren auch auf dem deutschen Markt präsent sein wollen.

Heute werden in der Bundesrepublik Deutschland zwar auch überwiegend die üblichen untergärigen Biersorten nach *Pilsner Art* bzw. *Lager-* und *Exportbiere* gebraut, daneben konnte sich aber doch in vielen kleineren Orten mit lokalen Brauereien eine Vielzahl an Braustätten mit **regional typischen Spezialitätenbieren** gegen übermächtige Konkurrenz behaupten. Auch gibt es nicht **die** Bierspezialität, vielmehr gibt es, was angesichts des großen Marktes auch nicht sonderlich verwunderlich ist, mehrere dieser Spezialitäten, die wir in diesem Buch auch entsprechend würdigen wollen. Heutzutage gibt es, nach der Wiedervereinigung Deutschlands, auf dem gesamten Staatsgebiet mehr als **1.300 Brauereien,** die neben den gängigsten Biersorten auch eine Vielzahl lokaler und regionaler Bierspezialitäten anbieten. Was die Anzahl der Brauereien betrifft, ist die Bundesrepublik unangefochten **Weltmeister,** liegen doch rund 40% aller Braustätten der gesamten Erde in diesem mitteleuropäischen Land!

Eine wahre Fundgrube für solche regionalen Spezialitäten ist, in Bayern, der Raum **Franken,** wo sich in beinahe jedem Ort eine kleine Brauerei mit ihrem sorten- und regiontypischen Bier behaupten konnte, die zumeist nur die Gasthäuser des betreffenden Ortes beliefert oder, im Extremfall, auch nur als Wirtshausbrauerei betrieben wird und damit ja schon wieder im Trend hin zu diesen kleinen Gasthausbrauereien liegt.

Ist es im Süden mit den *Weiß-* oder, wie sie hier auch genannt werden, *Weizenbieren* eine Bierspezialität, die sich selbst als eine Ausnahme zum strengen Reinheitsgebot präsentiert, gibt es mit der *Berliner Weiße* auch im Raum Berlin eine regionaltypische Spezialität, die Weizen in gemälzter Form als Beigabe neben Gerstenmalz vorsieht. Daneben erfreut uns im Großraum München das untergärige, dunkle Bier nach *Münchner Art,* eher schwach gehopft, mit betont malziger Note. Fälschlich wird oft **München** als die Bierhauptstadt Deutschlands bezeichnet, vielmehr ist, trotz Oktoberfestes und entsprechendem Bierausstoß und -konsum, **Dortmund** mit seinen eher hellen, stärker gehopften *Exportbieren,* die auch von der Stammwürze etwas stärker sind, vom Bierausstoß her die führende Biermetropole Deutschlands. Nicht vergessen darf man jedoch die lokalen Spezialitäten wie das *Kölsch* in **Köln,** ein helles obergäriges Bier, das nur in Köln erzeugt werden darf und ursprungsrechtlich geschützt ist, die dunklen, obergärigen *Altbiere* aus **Düsseldorf, Münster** oder **Hannover,** vergleichbar den englischen Ales, die *Rauchbiere* im Raum **Bamberg,** erzeugt aus über offenem Buchenholz gedarrtem Malz, oder die *Steinbiere.* Ganz zu schweigen von den norddeutschen Pilsbieren, die, extrem trocken und sehr stark gehopft, sich deutlich vom Original gleichen Namens aus dem tschechischen Pilsen unterscheiden, aber bereits eine eigene Pilskultur kreiert haben. Auch werden diese Pilsbiere im Norden in kleineren Gläsern (0,2 l bis 0,3 l) ausgeschenkt, wohingegen in Bayern nicht nur beim **Oktoberfest** in München **Maßkrüge** mit einem Inhalt von 1 Liter und auch mehr durchaus üblich sind.

Viele dieser Biere sind auch für das Brauen zu Hause geeignet, und wir haben uns entschlossen, Ihnen auf den folgenden Seiten mehrere verschiedene dieser Spezialitäten näher vorzustellen.

WEIZENBIER (OBERGÄRIGES BIER)

für 10 l Bier	für 20 l Bier

1 kg	helles Malz	2 kg	helles Malz
1,5 kg	Weizenmalz	3 kg	Weizenmalz
25 g	Hopfen (Pellets)	45 g	Hopfen (Pellets)
8 l	Wasser	14 l	Wasser
Nachguß 8–9 l Wasser		Nachguß 10–12 l Wasser	
Trockenhefe oder		Trockenhefe oder	
Flüssighefe (obergärig)		Flüssighefe (obergärig)	

Einmaischen bei 40° C.
Eiweißrast bei 55° C (15 min.).
Erwärmen auf 65° C, 30 min. Verzuckerungsrast (Jodprobe!).
Erwärmen auf 72° C, 30 min. Endverzuckerungsrast (Jodprobe!).
Erwärmen auf 78° C, 30 min. Rast, danach abläutern.
Kochen mit dem Hopfen. Hopfen auf 2 Hopfengaben verteilt.
Filtern und abkühlen, dann die obergärige Hefe beigeben.
Gärzeit 2–3 Tage.
Lagerzeit 2–3 Wochen.

Dieses Weizenbier hat einen Stammwürzegehalt von rund 12°. Die Lagerzeit beträgt 2–3 Wochen. Vorsicht bei der Lagerung! Es bildet sich bei der Nachgärung in der Flasche relativ viel Kohlensäure, die entsprechend entlüftet werden sollte!
Das Brauen von Bier unter Zugabe von Weizen in Form von Rohfrucht bzw. als **Weizenmalz** hat sicher eine sehr lange Tradition. Im Jahr 1567 wurde das Brauen mit Weizen in Bayern verboten, um die Ernährung der notleidenden Bevölkerung nach Mißernten sicherzustellen. In der Folge aber nützten die bayerischen Herzöge dieses Brauverbot, um sich über Jahrhunderte das Brauen von Weißbier als lukratives Monopol selbst vorzuhalten!
Lange Zeit schien es so, als würde das *Weißbier* durch neue Biersorten, vor allem durch die untergärigen *Lager-* und *Pilsbiere,* verdrängt werden; erst in letzter Zeit kam es zu einer Renaissance dieses uralten, obergärigen Biertyps, der heute in zwei Formen – als klares *Kristall-* oder *Champagnerweißbier* und als hefetrübes *Hefeweißbier* – hell oder auch dunkel angeboten wird. Auch gibt es ein noch stärkeres Weißbier in Form des *Weizenbocks.*

DUNKLES WEIZENBIER (OBERGÄRIGES BIER)

für 10 l Bier		für 20 l Bier	
1,5 kg	helles Malz	2,5 kg	helles Malz
250 g	Karamelmalz	0,5 kg	Karamelmalz
25 g	Farbmalz	50 g	Farbmalz
1,3 kg	Weizenmalz	2,5 kg	Weizenmalz
20 g	Hopfen (Pellets)	30 g	Hopfen (Pellets)
8 l	Wasser	16 l	Wasser
Nachguß 8–10 l Wasser		Nachguß 16–18 l Wasser	
Trockenhefe oder		Trockenhefe oder	
Flüssighefe (obergärig)		Flüssighefe (obergärig)	

Einmaischen bei 35° C.
Eiweißrast bei 55° C (15 min.).
Erwärmen auf 65° C, 40 min. Verzuckerungsrast (Jodprobe!).
Erwärmen auf 72° C, 30 min. Endverzuckerungsrast (Jodprobe!).
Erwärmen auf 78° C, 30 min. Rast, danach abläutern.
Der Restzucker der Maische wird mit 78° C warmem Wasser ausgewaschen.

Kochen mit dem Hopfen. Hopfen auf 2 Hopfengaben verteilt.
Filtern und abkühlen, dann die obergärige Hefe beigeben.
Gärzeit rund 2–3 Tage.
Lagerzeit 2–3 Wochen.

Dieses dunkle *Weizenbier* hat einen Stammwürzegehalt von rund 12°. Die Lagerzeit beträgt, wie beim hellen Weizenbier, ebenfalls rund 2–3 Wochen. Für das Brauen zu Hause eignen sich diese *Weizenbiere* ganz besonders gut: einerseits, da die Rohstoffe im Versandhandel relativ einfach zu erhalten sind, andererseits ist das angewandte obergärige Gärverfahren zu Hause am leichtesten durchzuführen. Da die Biere auch von den großen Brauereien zum Teil **hefetrüb** angeboten werden, ist der Geschmack der von Ihnen selbstgebrauten Biere am ehesten dem der gekauften Weißbiere ähnlich. Für erste Brauversuche können wir Ihnen diese *Weizenbiere* nur wärmstens empfehlen.
Weizenbiere entwickeln tendenziell mehr Kohlensäure, wirken dadurch erfrischender und durstlöschender, schmecken leicht säuerlich und wurden früher auch vorwiegend in der warmen Jahreszeit gebraut. Von der Unsitte, in *Weißbiere* eine Zitronenscheibe zu geben, ist man Gott sei Dank in letzter Zeit in der Gastronomie wieder abgegangen! Für hefetrübe Weizenbiere, wie Sie ja von Ihnen zu Hause hergestellt werden, ist die Zitronenscheibenbeigabe eine völlig unsinnige „Geschmacksbereicherung", über die der hl. Gambrinus nur den Kopf schütteln würde.

WEIZENBOCK (OBERGÄRIGES BIER) HELL UND DUNKEL

für 10 l Bier	für 20 l Bier
1,5 kg helles Malz (Münchner Mischung)	3 kg helles Malz (Münchner Mischung)
1,5 kg Weizenmalz	3 kg Weizenmalz
20 g Hopfen (Pellets)	40 g Hopfen (Pellets)
8 l Wasser	14 l Wasser
Nachguß 8 l Wasser	Nachguß 12–14 l Wasser
Trockenhefe oder	Trockenhefe oder
Flüssighefe (obergärig)	Flüssighefe (obergärig)

Einmaischen bei 40° C.
Eiweißrast bei 55° C (15 min.).
Erwärmen auf 65° C, 40 min. Verzuckerungsrast (Jodprobe!).
Erwärmen auf 72° C, 30 min. Endverzuckerungsrast (Jodprobe!).
Erwärmen auf 78° C, 30 min. Rast, danach abläutern.
Der Restzucker der Maische wird mit 78° C warmem Wasser ausgewaschen.

Kochen mit dem Hopfen. Hopfen auf 2–3 Hopfengaben verteilt.
Filtern und abkühlen, dann die obergärig Hefe beigeben.
Gärzeit rund 3 Tage.
Lagerzeit 2–3 Wochen.

Der Stammwürzegehalt dieser zu besonderen Anlässen gebrauten Bierspezialität beträgt rund 16°.
Dieses *Weizenbock* wird in Bayern – im Unterschied zu anderen *Bockbieren,* die eher zu **Weihnachten** oder zu **Ostern** gebraut werden – auch als **Maibock** im Frühling angeboten. Beim Brauen zu Hause benötigt das Weizenbock schon einiges Wissen und Können, damit die eingesetzte Hefe keinen Hefeschock durch den hohen Stammwürzegehalt erleidet.
Der Name **Bock** stammt nicht, wie irrtümlich angenommen und auch durch viele Bieretiketten belegt werden soll, vom Ziegenbock, sondern entstand durch die Verballhornung des baierischen Wortes „Oambock", Einbeck, einer Stadt in Niedersachsen, die für ihr Starkbier bekannt war und ist.
Durch Beigabe von 0,5 kg (bei 20 Litern 1 kg) dunklem Karamelmalz und 30 g Farbmalz (bei 20 Litern 50 g) können Sie nach dem oben angegebenen Rezept auch ein **dunkles Weizenbock** zu Hause brauen. Das dunkle Karamelmalz ersetzt freilich das helle Weizenmalz!

Dunkle, bayrische
Biere

Starkbiere nach
bayrischer Tradition

Die Endung „tor" weist
auf besonders starke
Biere hin

ALTBIER (OBERGÄRIGES BIER)

für 10 l Bier

0,5 kg	helles Malz
2 kg	dunkles Malz
25 g	Hopfen (Pellets)
8 l	Wasser

Nachguß 8 l Wasser
Trockenhefe oder
Flüssighefe (obergärig)

für 20 l Bier

1 kg	helles Malz
4 kg	dunkles Malz
50 g	Hopfen (Pellelts)
14 l	Wasser

Nachguß 10–12 l Wasser
Trockenhefe oder
Flüssighefe (obergärig)

Einmaischen bei 40° C.
Eiweißrast bei 55° C (15 min.).
Erwärmen auf 65° C, 40 min. Verzuckerungsrast (Jodprobe!).
Erwärmen auf 72° C, 40 min. Endverzuckerungsrast (Jodprobe!).
Erwärmen auf 78° C, 20 min. Rast, danach abläutern.
Der Restzucker der Maische wird mit 78° C warmem Wasser ausgewaschen.

Kochen mit dem Hopfen. Hopfen auf 2 Hopfengaben verteilt.
Filtern und abkühlen, dann die obergärige Hefe beigeben.
Gärzeit rund 2–3 Tage.
Lagerzeit 3–4 Wochen.

Der Stammwürzegehalt beträgt rund 12°, die Lagerzeit rund 3–4 Wochen. Der Name *Altbier* stammt daher, weil dieses Bier nach einem überlieferten, d.h. **alten Verfahren** gebraut wird. Es ist auch am ehesten mit den englischen *Ales* oder den belgischen Bieren vergleichbar, die ja ebenfalls obergärig vergoren werden. *Altbier,* mit seiner charakteristischen dunklen Farbe, wird auch aus speziellen kleinen Gläsern (0,2 l) getrunken und erfreut sich in letzter Zeit, als ganz besondere Spezialität, wieder steigender Beliebtheit. Die wichtigsten Brauorte dieser obergärigen Köstlichkeit sind **Münster, Dortmund** und **Hannover.**

Steinbier und Altbier

Zwei Vertreter des
deutschen Pilstyps

International bekannte
Biermarken aus
Deutschland

EXPORTBIER (UNTERGÄRIGES BIER)

für 10 l Bier	für 20 l Bier

2,5 kg	helles Malz (Dortmunder)		5 kg	helles Malz (Dortmunder)
100 g	Karamelmalz		200 g	Karamelmalz
14 g	Hopfen (Pellets)		25 g	Hopfen (Pellets)
7 l	Wasser		13 l	Wasser
Nachguß 8–10 l Wasser			Nachguß 12–14 l Wasser	
Trockenhefe oder			Trockenhefe oder	
Flüssighefe (untergärig)			Flüssighefe (untergärig)	

Einmaischen bei 35° C.
Eiweißrast bei 55° C (15 min.).
Erwärmen auf 65° C, 30 min. Verzuckerungsrast (Jodprobe!).
Erwärmen auf 72° C, 30 min. Endverzuckerungsrast (Jodprobe!).
Erwärmen auf 78° C, 30 min. Rast, danach abläutern.
Der Restzucker wird mit 78° C warmem Wasser ausgewaschen.

Kochen mit dem Hopfen. Hopfen auf 3 Hopfengaben verteilt.
Filtern und abkühlen, dann die untergärige Hefe beigeben.
Gärzeit rund 8 Tage.
Lagerzeit mindestens 6 Wochen.

Mit mehr als **6 Millionen Hektoliter** Bierausstoß im Jahr ist **Dortmund** die unumstrittene **Bierhauptstadt** nicht nur Deutschlands, sondern ganz **Europas.** Unter dem Begriff *Dortmunder* faßt man alle Biere aus den rund **30 Brauereien** Dortmunds unter einer Quasi-Herkunftsbezeichnung zusammen. Dieses unter dem Begriff *Dortmunder Exportbier* angebotene, etwas stärkere, helle, untergärige Bier hat einen Stammwürzegehalt von rund 13° und unterscheidet sich von dem ebenfalls hellen *Pilsbier* dadurch, daß es stärker, aber weniger gehopft als dieses ist. Heute werden nicht nur in **Dortmund** Biere nach diesem Stil gebraut; vielmehr hat sich dieser etwas stärkere Biertyp neben den drei anderen großen untergärigen Bierstilen, dem **Pilsner,** dem **Münchner** und dem Lagerbier nach **Wiener Art,** durchgesetzt.

„KÖLSCH" (OBERGÄRIGES BIER)

für 10 l Bier	für 20 l Bier
2,2 kg helles Malz	4,3 kg helles Malz
30 g Hopfen (Pellets)	50 g Hopfen (Pellets)
Hallertauer	Hallertauer
8 l Wasser	14 l Wasser
Nachguß 4–6 l Wasser	Nachguß 6–8 l Wasser
Trockenhefe oder	Trockenhefe oder
Flüssighefe (obergärig)	Flüssighefe (obergärig)

Einmaischen bei 35° C.
Eiweißrast bei 55° C (10 min.).
Erwärmen auf 65° C, 30 min. Verzuckerungsrast (Jodprobe!).
Erwärmen auf 72° C, 30 min. Endverzuckerungsrast (Jodprobe!).
Erwärmen auf 78° C, 30 min. Rast, danach abläutern.
Der Restzucker wird mit 78° C warmem Wasser ausgewaschen.

Kochen mit dem Hopfen. Hopfen auf 2–3 Hopfengaben verteilt.
Filtern und abkühlen, dann die obergärige Hefe beigeben.
Gärzeit rund 2–3 Tage.
Die Lagerzeit beträgt rund 4–6 Wochen.

In **Köln** gibt es **mehr Brauereien** als in jeder anderen **Stadt in Europa,** ja auf der gesamten Welt. Dieses spezielle Bier unter der Sortenbezeichnung *Kölsch* ist ein helles Bier, in der Farbe vergleichbar einem *Pilsbier,* es wird aber im Unterschied zu diesem mit obergärigen Hefen vergoren. Weiches Wasser eignet sich besonders gut zum Brauen dieses Biertyps. Der Name **„Kölsch"** darf auch nur für Biere, die in Köln gebraut werden, verwendet werden, weshalb wir ihn auch unter Anführungszeichen führen, wobei man selbstverständlich diese Biere auch zu Hause brauen kann. Der Stammwürzegehalt der *Kölschbiere* beträgt rund 11–12°, die Lagerzeit etwa 4–6 Wochen.
Als Variante zum oben angeführten „Kölsch" darf und **kann auch Weizenmalz,** dann aber höchstens mit einem Anteil von 15%, verwendet werden, das dem Bier eine spritzigere Note verleiht, eine hellere Farbe und eine stärkere Schaumbildung hervorruft.
Ähnlich dem kupferfarbigen *Altbier,* wird auch das *„Kölsch"* aus kleinen (0,2 l) Gläsern getrunken.

„RAUCHBIER" (OBERGÄRIGES BIER)

für 10 l Bier   für 20 l Bier

2 kg   helles Malz   3 kg   helles Malz
300 g   geröstetes Malz   600 g geröstetes Malz
         (über Buchenholz)   (über Buchenholz)
15 g   Hopfen (Pellets)   30 g   Hopfen (Pellets)
8 l   Wasser   14 l   Wasser
Nachguß 8–10 l Wasser   Nachguß 12–13 l Wasser
Trockenhefe oder   Trockenhefe oder
Flüssighefe (obergärig)   Flüssighefe (obergärig)

Einmaischen bei 40° C.
Eiweißrast bei 55° C (20 min.).
Erwärmen auf 65° C, 30 min. Verzuckerungsrast (Jodprobe!).
Erwärmen auf 72° C, 30 min. Endverzuckerungsrast (Jodprobe!).
Erwärmen auf 78° C, 30 min. Rast, danach abläutern.
Der Restzucker wird mit 78° C warmem Wasser ausgewaschen.

Kochen mit dem Hopfen. Hopfen auf 2–3 Hopfengaben verteilt.
Filtern und abkühlen, dann die obergärige Hefe beigeben.
Gärzeit 2–3 Tage.
Die Lagerzeit beträgt rund 1–2 Wochen.

Diese Rauchbiere sind heute eine Spezialität im Raum **Bamberg,** wobei man sich vorstellen muß, daß bis zur Erfindung der elektrischen Darrung alle Biere mehr oder weniger nach Rauch geschmeckt haben werden, da das Malz ja über offenem Feuer gedarrt wurde und durch den aufsteigenden Rauch des offenen Feuers auch das Malz diesen Geschmack angenommen hat. Dieser sehr intensive Geschmack ist aber nicht jedermanns Sache; sind uns heute doch diese Geschmacksnuancen nur von Selch- und Wurstdauerwaren bekannt.
Zu Hause können Sie Rauchmalz in der Form herstellen, daß Sie einen Teil des noch ungeschroteten Malzes in einem Eisensieb über ein offenes Feuer (zumeist aus Buchenhölzern) halten. Der aufsteigende Rauch gibt dann dem Malz seinen charakteristischen Geschmack. Eine weitere Möglichkeit besteht darin, Steine in Buchenholzglut zu erhitzen und diese anschließend der Maische beizugeben, was dem Bier dann auch den bewußten charakteristischen Geschmack verleiht.

ROGGENBIER (OBERGÄRIGES BIER)

für 10 l Bier	für 20 l Bier

1,5 kg	helles Malz	3 kg	helles Malz
700 g	Roggen (Rohfrucht oder gemälzt)	1,5 kg	Roggen (Rohfrucht oder gemälzt)
15 g	Hopfen (Pellets)	30 g	Hopfen (Pellets)
8 l	Wasser	14 l	Wasser
Nachguß 8–10 l Wasser		Nachguß 12–14 l Wasser	
Trockenhefe oder		Trockenhefe oder	
Flüssighefe (obergärig)		Flüssighefe (obergärig)	

Einmaischen bei 40° C.
Eiweißrast bei 55° C (15 min.).
Erwärmen auf 65° C, 30 min. Verzuckerungsrast (Jodprobe!).
Erwärmen auf 72° C, 30 min. Endverzuckerungsrast (Jodprobe!).
Erwärmen auf 78° C, 30 min. Rast, danach abläutern.
Der Restzucker wird mit 78° C warmem Wasser ausgewaschen.

Kochen mit dem Hopfen. Hopfen auf 2 Hopfengaben verteilt.
Filtern und abkühlen, dann die obergärige Hefe beigeben.
Gärzeit 2–3 Tage.
Die Lagerzeit beträgt rund 2 Wochen.

Roggen für die Bierherstellung hat mindestens eine so **lange Tradition** wie Gerste, wurde aber nach der Veröffentlichung des Deutschen Reinheitsgebotes immer mehr in den Hintergrund gedrängt. Für den Heimbedarf wurde diese Getreideart aber immer noch verwendet, einfach aus dem Grund, da Roggen, genauso wie Hafer oder Dinkel, im ländlichen Bereich in höheren Lagen als Brotgetreide angebaut und dieses auch für die Erzeugung von Bier genutzt wurde.
Für das Brauen zu Hause können Sie Roggen in Form von **Rohfrucht** verwenden, wobei dann sein Anteil am Gesamtmalz rund 20% nicht übersteigen sollte. Ein höherer Anteil an Rohfrucht ist problematisch, da das Gerstenmalz mit seinen Enzymen den geschroteten Roggen beim Stärkeabbau in Zucker mitumwandeln muß. Das Gerstenmalz sollte daher auch möglichst frisch sein und möglichst viele Enzyme enthalten. **Roggenmalz** werden Sie kaum käuflich erwerben können, da nur wenige Brauereien ein solches Spezialbier herstellen und Roggenmalz in ihrem Auftrag bei den Mälzereien erzeugen lassen. Achten Sie beim Brauen mit Rohfruchtbeigabe besonders darauf, daß sich das doch im Vergleich zum Malz deutlich schwerere Getreide nicht am

Boden des Maischegefäßes anlegt und anbrennt, was dem Bier einen unangenehmen Beigeschmack geben würde.

Gerade deutsche, aber auch österreichische Brauereien (Stiftsbrauerei Schlägl) nahmen sich in letzter Zeit dieser Tradition an und haben nach zum Teil jahrhundertealten Rezepten Roggenbier gebraut, wobei sie für die Zulassung dieser Biere einige bürokratische Hürden zu überwinden hatten. Vom Geschmack her ist das *Roggenbier* am ehesten mit den *Weizenbieren* zu vergleichen, es hat aber einen wesentlich kernigeren, volleren Geschmack.

Anstelle von Roggen können Sie selbstverständlich auch andere Getreidesorten verwenden, wobei Sie auch bei diesen den nur begrenzten Anteil als Rohfruchtbeigabe beachten sollten. Die wichtigsten heimischen Getreidesorten zum Erzeugen von ausgefalleneren Bieren sind **Hafer** und **Dinkel.**

GROSSBRITANNIEN

Die „**splendid isolation**" der Britischen Insel über Jahrhunderte hat auch beim Bier dazu geführt, daß sich dort eine eigene Biertradition erhalten konnte, die sich recht deutlich von der Entwicklung des Bierbrauens auf dem Kontinent abhebt. Selbstverständlich gibt es auch in Großbritannien die untergärigen Lagerbiere, welche sich zunehmender Beliebtheit erfreuen, dennoch hat sich nirgendwo sonst die **alte Bierkultur** so unverfälscht erhalten wie gerade auf der Insel. Wenn diese Biere, lauwarm serviert, ohne Schaum, mit wenig Kohlensäure und im Pub bis zum Rand des Glases gefüllt, auch nicht unbedingt unserem Geschmack von Bier nahekommen, so sind diese doch qualitativ hochwertigen Erzeugnisse am ehesten noch mit den belgischen Bieren vergleichbar. Auch werden *Ale, Stout* und *Porter,* diese typischen Sorten der Britischen Inseln, obergärig gebraut, sind daher auch für das Brauen zu Hause leichter nachzuvollziehen, als es bei den untergärigen Bieren Mitteleuropas der Fall ist.

Das Brauen zu Hause – **homebrewing** –, wie es hier genannt wird, hat bereits eine jahrzehntelange Tradition, und viele dieser Hobbybrauer sind in Bierklubs und -vereinen organisiert.

Für das Brauen zu Hause stellt sich das Problem, daß die Malzmischungen, um diese typischen englischen Biere herzustellen, im Versandhandel in Deutschland, Österreich und der Schweiz leider nicht – oder noch nicht – erhältlich sind. Sehr wohl erhältlich sind aber fertige **Flüssigmalzmischungen** als Halbfertigprodukte oder auch Fertigmischungen, die bereits den Hopfen enthalten. Zum Unterschied von Mitteleuropa, wo für die Biererzeugung ausschließlich die unbefruchteten weiblichen Dolden des Hopfens verwendet werden, wird in Großbritannien auch der männliche Hopfen zum Bierbrauen verwendet, was den daraus erzeugten Bieren auch einen etwas anderen Geschmack verleiht.

Sollten Sie die Möglichkeit haben, anläßlich eines Aufenthaltes in Großbritannien zu den Malzen zu kommen, empfehlen wir Ihnen, diese mitzunehmen; ansonsten verwenden Sie für diese Biere eher die Flüssigmalzmischungen, die den Geschmacksnuancen englischer Biere eher entsprechen als die in unseren Breiten erzeugten Malze. Wir haben daher in folgendem Rezept, welches mit diesen Mischungen hergestellt werden kann, darauf Rücksicht genommen und die Bierherstellung mittels dieser Flüssigmalzmischungen kurz erklärt. Meist sind verschiedene Malzmischungen, wie zum Beispiel *Ale, Bitter, Stout,* erhältlich. Die Herstellung wird oft auch auf den Malzdosen noch einmal ausführlich erklärt, vor allem die genaue Wassermenge ist angeführt.

Neben den englischen gibt es auch noch geschmacklich davon leicht abweichende Mischungen der irischen (Guinness) oder schottische Biere, deren Malzmischungen aus Whiskymalz hergestellt werden. Für die **Schotten** werden die beiden wichtigsten Getränke aus Gerste erzeugt: **Bier** und **Whisky!**

ALE, STOUT UND BITTER (OBERGÄRIGES BIER)

Flüssigmalzmischungen

Die Dose mit dem Flüssigmalz – eine bräunliche, zuckerhältige Flüssigkeit – wird in der angegebenen Wassermenge durch Rühren aufgelöst. Da ja hier bereits der Malzzucker aus dem Malz gebildet wurde (dieser Vorgang erfolgt in der Malzfabrik), entfallen bei dieser Form der Biererzeugung der zeitaufwendige Maischevorgang und das Abläutern. Dem aufgelösten Malz wird nun der Hopfen beigegeben und die Würze anschließend 1–2 Stunden gekocht. Um eine optimale Gärung auszulösen, ist die Beigabe einer mehr oder weniger großen Menge Zuckers notwendig.

Im einschlägigen Fachhandel gibt es mehrere unterschiedliche Malzmischungen, hauptsächlich *Ale, Bitter, Stout* und *Porter.* Selbstverständlich gibt es auch andere Malzmischungen, wie *Pilsner* oder *Weizenbier,* die ebenfalls nach dem oben beschriebenen Verfahren verarbeitet werden können.

Neben diesen **Halbfertigprodukten** gibt es auch **Fertigprodukte,** die sogar bereits den Hopfen in gelöster Form enthalten. Hier müssen dann nur mehr das Wasser in der angegebenen Menge beigefügt und die Würze gekocht werden. Inwieweit diese **Instantbiere** noch der in diesem Buch beschriebenen Herstellung von Bier entsprechen, sollte jeder für sich selbst entscheiden. Für erste Brauversuche sind diese Mischungen sicherlich zu verwenden, wenn Sie jedoch „Bier" erzeugen wollen, werden Sie freilich recht bald auf Malz und Hopfen zurückgreifen.

Schottisches und
irisches Bier

Brown Ale und Pale Ale
aus Großbritannien

Flüssigmalzmischungen

IRLAND

Eine Aufzählung von Bierspezialitäten, ohne das irische Bier – das *Guinness* – zu erwähnen, würde bedeuten, daß dieses Buch nicht vollständig wäre. *Guinness* ist aber mehr als ein außergewöhnliches Bier, es ist vielmehr **die Lebensphilosophie der Iren,** welche sie mit diesem Bier mittlerweile weltweit exportiert haben. Irland ist zwar von der Weltbierproduktion her einer der eher kleinen Produzenten; was den Pro-Kopf-Konsum anbelangt, liegen die Iren jedoch deutlich im Spitzenfeld.

GUINNESS (OBERGÄRIGES BIER)

Das *Guinness* – also das irische Bier – wird aus besonders gedarrtem **dunklem Malz** erzeugt, wodurch es seinen charakteristischen kaffeeähnlichen Geschmack und seine einzigartige schwarze Farbe mit dem cremigweißen Schaum erhält. Als ein ursprüngliches Bier, wird es nach dem **obergärigen Brauverfahren** erzeugt, auch wenn diese Bierspezialität für den Export meist pasteurisiert oder gar in Lizenz gebraut wird, daher auch etwas anders schmeckt als in einem irischen Pub.
Für das Brauen zu Hause gilt das für die Herstellung englischer Biere Gesagte. Das Originalmalz ist leider im **Fachhandel nicht oder nur sehr schwer erhältlich,** wodurch Sie auf den Import aus Großbritannien oder Irland angewiesen sind, oder Sie greifen auf die schon mehrfach angesprochenen **Flüssigmalzmischungen** zurück.
Wenn Sie Anschluß an das Internetnetz haben, können Sie dort einige aktuelle Lieferanten solcher Malzmischungen ausfindig machen, wie auch gerade diese britischen und irischen Biere sehr oft als Rezepte im Internet enthalten sind.

ÖSTERREICH

Die Geschichte des österreichischen Bieres ist um einiges älter als jene vieler anderer Länder Europas, auch wenn in Teilen Österreichs der Wein ein übermächtiger Gegner für das Bier ist und war. Es gab aber immer ein harmonisches Miteinander von Bier und Wein, die einander in Österreich nie als Gegner gegenüberstanden, sondern sich vielmehr immer wunderbar ergänzten.

Wurden bis ins 19. Jahrhundert in Österreich – genauso wie sonst auf der Welt – überwiegend obergärige, schlecht haltbare Biere gebraut, so trat mit der Erfindung des Österreichers **Anton Dreher 1841** das *Lagerbier* von **Kleinschwechat** aus seinen Siegeszug um die ganze Welt an. Nichts hat in den Jahrtausenden von den Sumerern bis heute die Bierherstellung so nachhaltig verändert, ja revolutioniert, wie dieses **„neue Bier"** des Österreichers Anton Dreher. Österreich kann daher mit Recht von sich behaupten, die **Wiege der modernen Braukunst** zu sein, auch wenn an der Weiterentwicklung dieser *Lagerbiere nach Wiener Art* tschechische und später bayerische Brauer wesentlichen Anteil hatten. Auch heute noch werden mehr als 80% der Weltproduktion nach diesem in Österreich entwickelten Verfahren gebraut, und die Brauer nennen diese Biere noch immer *Lagerbiere nach Wiener Art*.

Österreich wurde damit sehr bald einer der größten Bierproduzenten und auch Bierexporteure Mitteleuropas, lagen doch bis zum Ende der Donaumonarchie auch noch so wichtige Bierbrauorte wie das tschechische **Pilsen** und **Budweis** auf dem Gebiet der Habsburgermonarchie. An dieser führenden Rolle im Export hat sich auch bis heute nichts geändert; vielmehr wurde diese Stellung nach dem Fall des Eisernen Vorhanges ab 1989 wegen der traditionell guten Kontakte der österreichischen Brauereien nach Osteuropa durch Übernahme von Brauereien bzw. durch Vergabe von Lizenzen eher noch ausgebaut.

Heute beherrscht mit der **Österreichischen Brau AG** ein riesiger, auch international agierender Braugigant den kleinen österreichischen Binnenmarkt, daneben gibt es aber noch eine Vielzahl innovativer kleiner regionaler Brauereien und in den letzten Jahren verstärkt wieder Gasthausbrauereien. Mit dem Beitritt Österreichs zur Europäischen Union im Jahr 1995 hat sich der Inlandsmarkt auch für Biere – vor allem aus dem Nachbarland Deutschland – geöffnet, welche durch geringere Abgabenbelastung und Steuern deutliche Wettbewerbsvorteile gegenüber den österreichischen Brauern und deren Bieren genießen. Hier besteht sicher ein Handlungsbedarf, da es vor allem in den Grenzregionen zu Bayern in Oberösterreich und Salzburg durch den Direktimport der Konsumenten zu deutlichen Absatzproblemen für die österreichischen Brauereien gekommen ist. An der **Qualität** des österreichischen Bieres kann dies nicht liegen, braut doch die überwiegende Mehrzahl der kleineren österreichischen Brauereien bewußt nach den strengen Bestimmungen des **Deutschen Reinheitsgebotes.**

In Österreich regelt der **Codex Alimentarius Austriacus** (Österreichisches Lebensmittelbuch) die Bierherstellung, wobei gewisse Bestimmungen wesentlich restriktiver als die einschlägigen Bestimmungen im Deutschen Biersteuergesetz sind (siehe Seite 158ff.).

Beispielsweise sind in Österreich jegliche chemischen Aufbereitungen des Brauwassers, wie dies in Deutschland durchaus üblich ist, nicht zulässig. Das gute Brauwasser in Österreich ermöglicht es ja, auf diese chemischen Zusätze völlig zu verzichten.

Neben dem klassischen *Lagerbier,* das in Österreich überwiegend unter der Bezeichnung *Märzenbier* angeboten wird, brauen viele regionale Brauereien exzellente *Pilsbiere,* steht ihnen doch mit dem extrem weichen Wasser der Böhmischen Masse vor allem in Oberösterreich dasselbe Wasser wie im tschechischen Pilsen und Budweis zur Verfügung. Aber in ganz Österreich gibt es mit dem herrlich frischen Quellwasser der Alpen bestes Brauwasser, welches meist ohne weitere Vorbehandlung für das Brauen verwendet werden kann. Die Biere in Österreich sind überwiegend sehr helle, untergärige Biere, die zum Großteil auch mit dem Hopfen aus österreichischem Anbau gebraut werden. Die wichtigsten Hopfenanbaugebiete Österreichs liegen im **Mühlviertel,** im **Waldviertel** und rund um **Leutschach** in der südlichen Steiermark.

MÄRZEN (UNTERGÄRIGES BIER)

für 10 l Bier	für 20 l Bier

2,2 kg	helles Malz (Wiener Mischung)	4,3 kg	helles Malz (Wiener Mischung)
15 g	Hopfen (Pellets)	30 g	Hopfen (Pellets)
8 l	Wasser	14 l	Wasser

für 10 l Bier:
2,2 kg helles Malz (Wiener Mischung)
15 g Hopfen (Pellets)
8 l Wasser
Nachguß 8–10 l Wasser
Trockenhefe oder
Flüssighefe (untergärig)

für 20 l Bier:
4,3 kg helles Malz (Wiener Mischung)
30 g Hopfen (Pellets)
14 l Wasser
Nachguß 10–12 l Wasser
Trockenhefe oder
Flüssighefe (untergärig)

Einmaischen bei 40° C.
Eiweißrast bei 55° C (15 min.).
Erwärmen auf 65° C, 30 min. Verzuckerungsrast (Jodprobe!).
Erwärmen auf 72° C, 30 min. Endverzuckerungsrast (Jodprobe!).
Erwärmen auf 78° C, 30 min. Rast, danach abläutern.
Der Restzucker wird mit 78° C warmem Wasser ausgewaschen.

Kochen mit dem Hopfen. Hopfen auf 2–3 Hopfengaben verteilt.
Filtern und abkühlen, dann die untergärige Hefe beigeben.
Gärzeit rund 7–8 Tage.
Die Lagerzeit beträgt rund 4–5 Wochen.

Die Stammwürze dieses Bieres beträgt rund 12°.
Dieser Biertyp des hellen, untergärigen *Märzenbieres* wird vor allem in Österreich und in Bayern gebraut; er unterscheidet sich von den *Pilsbieren,* welche ebenfalls hier hergestellt werden, dadurch, daß beim Märzenbier wesentlich weniger Hopfen verwendet wird.
Der Name *Märzenbier* stammt übrigens vom **Monatsnamen März,** da es in diesem Monat bis ins 19. Jahrhundert letztmalig möglich war, länger haltbare untergärige Biere ohne künstliche elektrische Kühlung zu brauen. Erst nach Einführung elektrischer Kühlaggregate wurde es möglich – unabhängig von äußeren Witterungseinflüssen –, ganzjährig untergäriges Bier zu brauen.

DINKELBIER (OBERGÄRIGES BIER)

für 10 l Bier		für 20 l Bier	
2 kg	helles Malz (Wiener Mischung)	4 kg	helles Malz (Wiener Mischung)
700 g	Dinkel (Rohfrucht)	1,5 kg	Dinkel (Rohfrucht)
15 g	Hopfen (Pellets)	30 g	Hopfen (Pellets)
8 l	Wasser	14 l	Wasser
Nachguß 8–10 l Wasser		Nachguß 12–14 l Wasser	
Trockenhefe oder		Trockenhefe oder	
Flüssighefe (obergärig)		Flüssighefe (obergärig)	

Einmaischen bei 45° C.
Eiweißrast bei 55° C (15 min.).
Erwärmen auf 65° C, 30 min. Verzuckerungsrast (Jodprobe!).
Erwärmen auf 72° C, 30 min. Endverzuckerungsrast (Jodprobe!)
Erwärmen auf 78° C, 30 min. Rast, danach abläutern.
Der Restzucker wird mit 78° C warmem Wasser ausgewaschen.

Kochen mit dem Hopfen. Hopfen auf 2 Hopfengaben verteilt.
Filtern und abkühlen, dann die Hefe beigeben.
Gärzeit 2–3 Tage.
Die Lagerzeit beträgt rund 1–2 Wochen.

Dinkel ist eine der ältesten Getreidearten, die der Mensch kultiviert hat, sie wurde neben Emmer auch bereits in **Ägypten** und bei den **Babyloniern** neben der Broterzeugung beim Bierbrauen eingesetzt. Wie alle Getreidearten – mit Ausnahme der Braugerste – wurde auch der Dinkel durch die Bestimmungen des Deutschen Reinheitsgebotes in den Hintergrund gedrängt. Erst in letzter Zeit wird Bier mit der Beigabe von Dinkel wieder von einigen Brauereien in Deutschland und auch in Österreich erzeugt. Für das Brauen zu Hause können Sie Dinkel als **Rohfruchtbeigabe** in Reformhäusern und Drogerien erwerben. Beachten Sie auch (wie bei allen anderen Rohfruchtbeigaben), daß das ungemälzte Getreide wesentlich schwerer ist als Gerstenmalz. Daher sinkt es auf den Boden des Maischegefäßes und kann sich dort anlegen oder anbrennen, was einen unangenehmen Geschmack ergibt!
Vom Geschmack her ist dieses *Dinkelbier* am ehesten mit *Weizenbier* vergleichbar, welches ja ebenfalls durch Rohfruchtbeigabe erzeugt werden kann und mit obergärigen Hefen vergoren wird.

„HONIGBIER" (OBERGÄRIGES BIER)

für 10 l Bier		für 20 l Bier	
1 kg	Honig	2 kg	Honig
15 g	Hopfen (Pellets)	30 g	Hopfen (Pellets)
12 l	Wasser	23 l	Wasser

Trockenhefe oder
Flüssighefe (obergärig)

Trockenhefe oder
Flüssighefe (obergärig)

Kochen mit dem Hopfen. Hopfen auf 2 Hopfengaben verteilt.
Filtern und abkühlen, dann die Hefe beigeben.
Gärzeit rund 2–3 Tage.
Lagerzeit 2–3 Wochen.

Bei der Erzeugung von Honigbier entfällt – ähnlich den Bieren, die aus Flüssigmalzmischungen gebraut werden – der relativ zeitaufwendige Maischeprozeß, da der
Honig nur mehr in Wasser aufgelöst und mit dem Hopfen gekocht wird. Auch ist
Honig um einiges leichter verfügbar als Flüssigmalzmischungen und zumeist auch
noch wesentlich kostengünstiger. Auch wenn er nicht den strengen Bestimmungen des
Reinheitsgebotes entspricht, ist er doch ein reines Naturprodukt. Durch die Sortenvielfalt des Honigs, vom Blütenhonig bis hin zum Waldhonig, lassen sich auch im Bier
entsprechende Sorten erzeugen. Beim Kochen der Würze ist darauf zu achten, daß sie
entsprechend lange kocht, damit die im Honig natürlich vorkommenden Hefen und
Eiweißbestandteile abgetötet werden, die sonst bei der Vergärung zu unerwünschten
Fehlgärungen führen würden.
Sie haben auch die Möglichkeit, einen Teil der Maische durch Honig zu ersetzen, dabei
wird der Honig schon der Maische beigegeben. Geschmackbestimmende Bestandteile
des Malzes gelangen damit neben dem Honig in die Würze.

Metbräu ist ein Getränk, hergestellt aus ausgewählten
Zutaten: Wasser, Honig, Malz, Hopfen und Hefe.
Es ist ein Getränk mit edler Würze und feiner Süße wie es unsere
Vorfahren schon vor Jahrhunderten getrunken haben.
Metbräu schmeckt gut gekühlt am besten.

Honigbier, eine uralte germanische
Tradition

Bilder links:
„Hanfbier", eine ganz spezielle
Bierkreation

145

„HANFBIER" (OBERGÄRIGES BIER)

für 10 l Bier		für 20 l Bier	
2,5 kg	helles Malz	5 kg	helles Malz
125 g	Karamelmalz	250 g	Karamelmalz
15 g	Hanf (getrocknet)	30 g	Hanf (getrocknet)
5 g	Hopfen (Pellets)	10 g	Hopfen (Pellets)
7 l	Wasser	13 l	Wasser
Nachguß 8–10 l Wasser		Nachguß 12–13 l Wasser	
Trockenhefe oder		Trockenhefe oder	
Flüssighefe (obergärig)		Flüssighefe (obergärig)	

Einmaischen bei 35° C.
Eiweißrast bei 55° C (15 min.).
Erwärmen auf 65° C, 30 min. Verzuckerungsrast (Jodprobe!).
Erwärmen auf 72° C, 30 min. Endverzuckerungsrast (Jodprobe!).
Erwärmen auf 78° C, 30 min. Rast, danach abläutern.
Der Restzucker wird mit 78° C warmem Wasser ausgewaschen.
Kochen mit dem Hopfen und den getrockneten Hanfblättern. Hopfen und Hanf auf 2–3 Teile verteilt.
Filtern und abkühlen, dann die obergärige Hefe beigeben.
Gärzeit 2–3 Tage.
Lagerzeit 2–3 Wochen.

Dieses Hanf-Malz-Getränk wird nach einer alten Brautradition hergestellt, wobei der Hanf (Cannabis sativa) überwiegend die Funktion des Hopfens übernimmt und als Würzmittel dient. Die ungewöhnliche Kombination von Hanf, Hopfen und Malz verleiht diesem Bier einen leicht süßlichen, vollmundigen Geschmack.
Sie brauchen auch nicht zu befürchten, nach dem Genuß dieser Bierkreation „high" zu werden, liegen doch die Inhaltsstoffe des alten Agrarproduktes Hanf, der auch zur Erzeugung von Bekleidung dient und dessen Anbau sogar von der EU gefördert wird, weit unter den nach den einschlägigen Suchtgiftgesetzen zulässigen Grenzwerten. Eine berauschende Wirkung geht vielmehr vom Alkoholgehalt des Bieres aus!
Hanfblätter in gepreßter Form, meist aus biologischem Anbau, sind in Reformhäusern erhältlich.

RUSSLAND

Rußland als Bierland ist uns Mitteleuropäern kein besonderer Begriff, hört doch unser Bierverständnis im Osten bei Pilsen und Budweis in Tschechien auf. Aber auch in Rußland hat sich eine Biertradition entwickelt – wenn auch nicht sonderlich abweichend von der mitteleuropäischen Bierkultur –, werden doch viele Biere in Rußland importiert oder in Lizenz gebraut. Klimatisch bedingt, hat die Erzeugung höherwertiger Alkohole – wie Schnaps und Wodka – in Rußland eine viel ausgeprägtere Kultur (oder sollte man lieber sagen: Unkultur), zumal man nicht vergessen darf, welche Probleme mit übermäßigem Alkoholkonsum verbunden sind.

In diesem Buch über Bierspezialitäten möchten wir Ihnen ein **bierähnliches Getränk** vorstellen, den **Kwaas** (es gibt auch noch mehrere verschiedene Schreibweisen, wie Kvass oder Kvaß), dem zwar einige geschmackbestimmende Bestandteile des Bieres fehlen, der aber von der Grundzusammensetzung eine sehr lange Tradition aufweist. Bereits die Babylonier, Assyrer und später die alten Ägypter verwendeten nicht Malz, sondern die verarbeitete Form des Getreides – das **Brot** – für die Biererzeugung. Und gerade diese alte Tradition lebt im Kwaas bis heute noch weiter.

Brot, hier in Rußland zumeist **Schwarzbrot,** wird getrocknet, zerkleinert und mit heißem Wasser angesetzt. Nach dem Filtern erfolgt eine Zucker- und Hefebeigabe, und nach der ersten stürmischen Vergärung wird der Kwaas in Flaschen gefüllt und einige Tage **kühl gelagert.**

Als Hefe für die Vergärung wird beim Kwaas, im Unterschied zum Bier, nicht unbedingt Bierhefe verwendet, sondern **gewöhnliche Backhefe,** die ja der Bierhefe eng verwandt ist. Der große Unterschied zum Bier besteht jedoch darin, daß **kein Hopfen** verwendet wird, um dem Kwaas einen bierähnlichen Geschmack zu verleihen. Vielmehr werden ihm einige **Rosinen** bzw. **Obstsäfte, Zitronenscheiben** oder **Honig** zum Würzen beigegeben. Hier stehen Ihrem Einfallsreichtum und Gestaltungsspielraum Tür und Tor offen, zumal dieses leicht alkoholische Getränk ja auch nicht den strengen Bestimmungen des Deutschen Reinheitsgebotes unterliegt, da es ja nicht als Bier angeboten wird.

Für die Herstellung von Kwaas benötigen Sie zu Hause keinerlei zusätzliche Gerätschaften, vielmehr können Sie mit Ihrer Grundausrüstung zum Bierbrauen dieses Getränk, das auch viel früher trinkfertig ist, leicht herstellen.

KWAAS (OBERGÄRIGES, BIERÄHNLICHES GETRÄNK)

für 10 l Kwaas

500 g   Schwarzbrot
250 g   Zucker
2 EL   Rosinen
12 l   kochendes Wasser
1 Packung Trockenhefe oder ein Würfel Hefe (Backhefe).

Dieses bierähnliche Getränk wird wie folgt hergestellt:

Das Schwarzbrot wird in Scheiben geschnitten und im Backrohr gründlich getrocknet. Sie können selbstverständlich auch bereits altes, getrocknetes Brot verwenden. Das getrocknete Brot wird aus dem Backrohr genommen und mit der Hand zerkleinert. In Ihren Maischetopf geben Sie 12 Liter kochendes Wasser und lösen darin das getrocknete und zerkleinerte Brot auf. Lassen Sie es rund 3–4 Stunden im Wasser, bis dieses abgekühlt ist. Dann seihen Sie die Flüssigkeit wie beim Läutern der Maische über eine Stoffwindel oder ein Geschirrtuch und pressen den Brotrest gründlich durch. Der Flüssigkeit geben Sie anschließend die 250 g Zucker bei, lösen ihn durch kräftiges Umrühren in der Flüssigkeit auf und fügen dem Ganzen die Hefe bei.
Sehr bald setzt eine – wie bei der obergärigen Bierherstellung beschriebene – stürmische Gärung ein, die – je nach Zuckergehalt – rund 7–8 Stunden dauert. Anschließend wird der Kwaas in die gereinigten Flaschen abgefüllt. Jeder Flasche werden 3–4 Stück Rosinen beigegeben, die durch Hochsteigen in der Flasche anzeigen, daß der Kwaas bereits ausgegoren ist. Wie beim Bier, sollte sich bei der jetzt folgenden Nachgärung in der Flasche noch genügend Kohlensäure und selbstverständlich auch Alkohol bilden, um dem Getränk seinen erfrischenden, süß-sauren Geschmack zu verleihen. Kwaas ohne Kohlensäure und Schaum schmeckt – wie abgestandenes Bier – schal und unattraktiv.
Vor dem Genuß sollte der Kwaas noch rund 3–4 Tage im Kühlschrank stehend lagern.

SCHWEIZ

Heute beherrscht ein großer Braukonzern, der in **Basel** in einem Backsteinschloß angesiedelte **Feldschlößchen,** den Schweizer Biermarkt mit weit über 50% Marktanteil. Überwiegend werden in der Schweiz *Lagerbiere* und die etwas stärker eingebrauten *Spezialbiere* erzeugt, genau der alemannisch-bayerischen Biertradition entsprechend. Die Schweizer Biergeschichte reicht aber nachweisbar und urkundlich belegt bereits bis ins **9. Jahrhundert** zurück; aus dieser Zeit gibt es bereits Aufzeichnungen der Klosterbrauerei in **St. Gallen.** Das von irischen Missionaren im Zuge der Christianisierung Mitteleuropas gegründete Kloster in der Ostschweiz war damit auch eines der ersten Brauzentren Europas, von dem aus durch weitere Klostergründungen und Missionstätigkeit auch dessen Wissen über das Bierbrauen weitergegeben wurde. Der **Klosterplan** von St. Gallen aus dem **Jahr 814** weist bereits drei Brauereien im Areal dieses Klosters aus. Aus ihm geht auch hervor, daß die Räumlichkeiten für das Brauen bereits in verschiedenen Örtlichkeiten untergebracht waren. Das Sudhaus lag, da hier andere Temperaturen notwendig waren, räumlich vom eher kühlen Gärkeller getrennt, genauso wie die Lagerräume für Getreide und Malz anders angelegt waren. Zu dieser Zeit arbeiteten bereits **mehr als 100 Mönche** neben einer Vielzahl von Hilfskräften in diesen drei Brauereien, die alle unterschiedliche Biere brauten.

Auch *Starkbier* und *Bockbier* hat in der Schweiz Tradition, wird doch in der Züricher Brauerei **Hürlimann** mit dem *Samichlaus* das **stärkste Bier der Welt** erzeugt. Der Alkoholgehalt dieses Bieres liegt bei beinahe unglaublichen **14 Vol%!** Dieses Starkbier wird – wie auch der Name bereits besagt (Nikolaus) – nur am 6. Dezember jeden Jahres gebraut, lagert dann nach der Vergärung genau ein Jahr und wird am 6. Dezember des folgenden Jahres erstmalig ausgeschenkt. Auf den Etiketten dieses Bieres befindet sich – wie bei Weinflaschen – eine Jahreszahl. Es erfordert vom Brauer beim Vergären viel Verständnis und Fingerspitzengefühl, da bei diesem hohen Stammwürzegehalt die Gefahr besteht, daß die Bierhefe einen sogenannten Hefeschock erleidet und dann inaktiv wird. Leider eignen sich solche Starkbiere nicht für das Brauen zu Hause, und wir möchten Ihnen daher als typisches Bier der Schweiz hiermit ein *Spezialbier* vorstellen.

SPEZIALBIER (UNTERGÄRIGES BIER)

für 10 l Bier

für 20 l Bier

2,5 kg   helles Malz
125 g   Karamelmalz
13 g   Hopfen (Pellets)
7 l   Wasser
Nachguß 8–10 l Wasser
Trockenhefe oder
Flüssighefe (untergärig)

5 kg   helles Malz
250 g Karamelmalz
25 g   Hopfen (Pellets)
13 l   Wasser
Nachguß 12–13 l Wasser
Trockenhefe oder
Flüssighefe (untergärig)

Einmaischen bei 35° C.
Eiweißrast bei 55° C (15 min.).
Erwärmen auf 65° C, 30 min. Verzuckerungsrast (Jodprobe!).
Erwärmen auf 72° C, 30 min. Endverzuckerungsrast (Jodprobe!).
Erwärmen auf 78° C, 30 min. Rast, danach abläutern.
Der Restzucker wird mit 78° C warmem Wasser ausgewaschen.

Kochen mit dem Hopfen. Hopfen auf 2 Hopfengaben verteilt.
Filtern und Abkühlen, Beigabe der Hefe.
Gärzeit 8–9 Tage.
Die Lagerzeit beträgt 5–6 Wochen.

Der Stammwürzegehalt dieses *Spezialbieres* beträgt rund 14°.
Dieses vollmundige, etwas stärkere und dunklere Bier hat einen etwas kräftigeren Geschmack als die hellen *Lagerbiere*.

SKANDINAVIEN

Für uns Mitteleuropäer hat Skandinavien – und hier wieder vor allem **Schweden, Norwegen** und **Finnland** – keine große Biertradition, da wir die restriktiven Alkoholgesetze der Skandinavier kennen. In diesen drei Nordländern werden aber sehr wohl Biere gebraut, eingeteilt in Klassen, die aber von der Stammwürze wie auch vom Alkoholgehalt eher unseren Leichtbieren und alkoholfreien Bieren entsprechen.

Eine Ausnahme bildet **Dänemark,** das, angelehnt an die mitteleuropäische Biertradition, untergärige Biere braut. Zwei große Brauereien, die auch international agierenden Konzerne **Tuborg** und **Carlsberg,** sind auf dem dänischen Biermarkt führend. Durch Lizenzvergaben werden diese Biere aber nicht nur in Dänemark gebraut, sie sind vor allem auch in den klassischen Urlaubsländern des Mittelmeers erhältlich. Die **untergärige Hefe** *(Saccaromyces carlsbergensis)* hat ihren Namen nach dieser gleichnamigen dänischen Brauerei.

Das Brauen zu Hause wird in den skandinavischen Ländern auch aus bekannnten Gründen – Verbot durch den Staat – gerade im ländlichen Bereich noch immer betrieben. Da vom Klima her in Skandinavien kein Hopfen wächst, wird als Würzmittel noch immer eine Mischung aus Wacholderkörnern oder Eichenrinden verwendet, was in etwa den Zutaten vor der Einführung des Reinheitsgebotes in Deutschland entspricht. Auch die Braugerste hat hier ihre klimatischen Grenzen, so daß hier andere Getreidesorten, wie der anspruchslosere **Roggen** und der **Hafer,** für das Brauen verwendet werden.

Zwei skandinavische Biere

Ein französisches und ein russisches Bier

HAFERBIER (OBERGÄRIGES BIER)

für 10 l Bier

für 20 l Bier

1,5 kg	helles Malz
0,7 kg	Hafer (Rohfrucht)
15 g	Hopfen (Pellets)
8 l	Wasser

Nachguß 8–10 l Wasser
Trockenhefe oder Flüssighefe
(obergärig)

3 kg	helles Malz
1,4 kg	Hafer (Rohfrucht)
30 g	Hopfen (Pellets)
14 l	Wasser

Nachguß 10–12 l Wasser
Trockenhefe oder Flüssighefe
(obergärig)

Einmaischen bei 45° C.
Eiweißrast bei 55° C (15 min.).
Erwärmen auf 65° C, 30 min. Verzuckerungsrast (Jodprobe!).
Erwärmen auf 72° C, 40 min. Endverzuckerungsrast (Jodprobe!).
Erwärmen auf 78° C, 30 min. Rast, danach abläutern.
Der Restzucker wird mit 78° C warmem Wasser ausgewaschen.

Kochen mit dem Hopfen. Hopfen auf 2–3 Hopfengaben verteilt. Hier kann man auch anstelle von Hopfen Wacholderkörner oder getrocknete Eichenrinde verwenden. Vorsicht, diese Würzmittel sind wesentlich intensiver als Hopfen!
Gärzeit rund 2–3 Tage.
Lagerzeit 1–2 Wochen.

Die Stammwürze dieses Bieres beträgt rund 12°.

TSCHECHISCHE REPUBLIK

Als eine der Wiegen der modernen Braukunst gilt die Tschechische Republik, die mit den beiden berühmten Bierorten **Pilsen** und **Budweis** ein Garant für exzellente Biere war und ist. Das *Pilsner* oder, besser gesagt, ein Bier nach *Pilsner Art* ist wohl das weltweit berühmteste Bier; es wird heute freilich nicht mehr nur in Pilsen gebraut. Gerade das herrlich weiche Brauwasser der Böhmischen Masse und der **Hopfen** aus dem weltberühmten Anbaugebiet **Saaz** verleihen diesen Bieren ihre unverwechselbare, herb-bittere Geschmacksnote. Der Name „Budweiser" gab übrigens darüber hinaus auch dem vom Ausstoß her weltweit führenden Bier *„Budweiser"* der Brauerei Busch in Amerika seinen Namen.

Auch beim Pro-Kopf-Konsum an Bier liegt die Tschechische Republik weltweit im Spitzenfeld, auch wenn die Biere dort traditionell etwas leichter eingebraut werden als die in Mitteleuropa üblichen 12° Stammwürze. Das *Pilsner Urquell*, die markenrechtlich geschützte Biersorte der Brauerei in Pilsen, wird beispielsweise nur mit 11° Stammwürze gebraut. War der Export von *Original Budweiser* bzw. *Pilsner Urquell* zu Zeiten der kommunistischen Planwirtschaft neben dem **Export des Saazer Hopfens** eine der wichtigsten Einnahmequellen der damaligen Tschechoslowakei, kämpfen gerade diese traditionellen Braustätten seit dem Ende der kommunistischen Herrschaft darum, wieder Anschluß an die Exporterfolge der zu Recht gerühmten Biere zu finden.

Als Bierspezialität der Tschechischen Republik möchten wir Ihnen natürlich ein *Pilsbier* vorstellen. Obwohl heute überall auf der Welt exzellente *Pilsbiere* gebraut werden, wird dieses Bier vom Namen her immer mit diesem tschechischen Brauort in Verbindung gebracht werden. Für den Heimbrauer gibt es im Fachhandel **Malzmischungen** unter der Bezeichnung **Pilsner Mischung,** und um möglichst genau dem originalen Pilsner zu entsprechen, empfehlen wir Ihnen nach Möglichkeit die ausschließliche Verwendung von **Saazer Hopfen,** der auch unter dieser Sortenbezeichnung für das Brauen zu Hause erhältlich ist. Das Brauwasser in Pilsen hat nur 2° deutsche Härte, d.h. für Sie zu Hause: je weicher das Brauwasser, desto näher werden Sie dem Original kommen. Auch war das *Pilsner Urquell* mit seiner erstmaligen Herstellung im Jahre 1842 nach dem Lagerbier von Anton Dreher in Kleinschwechat bei Wien eines der ersten untergärigen Biere der Welt. Das *Original Pilsner Urquell* unterscheidet sich z.B. von den extrem herben und besonders hellen *Pilsbieren* Norddeutschlands dadurch, daß es wesentlich dunkler und durch die ausschließliche Verwendung von Saazer Hopfen auch nicht allzu herb ist.

PILSBIER (UNTERGÄRIGES BIER)

für 10 l Bier		für 20 l Bier	
2,2 kg	helles Malz (Pilsener Mischung)	4,3 kg	helles Malz (Pilsener Mischung)
20 g	Hopfen (Pellets)	40 g	Hopfen (Pellets)
5 g	(Saazer Hopfen)	10 g	(Saazer Hopfen)
8 l	Wasser	14 l	Wasser
Nachguß 6–7 l Wasser		Nachguß 8–10 l Wasser	
Trockenhefe oder		Trockenhefe oder	
Flüssighefe (untergärig)		Flüssighefe (untergärig)	

Einmaischen bei 35° C.
Eiweißrast bei 55° C (10 min.).
Erwärmen auf 65° C, 30 min. Verzuckerungsrast (Jodprobe!).
Erwärmen auf 72° C, 30 min. Endverzuckerungsrast (Jodprobe!).
Erwärmen auf 78° C, 30 min. Rast, danach abläutern.
Der Restzucker wird mit 78° C warmem Wasser ausgewaschen.

Kochen mit dem Hopfen. Hopfen auf 3 Hopfengaben verteilt.
Den Saazer Aromahopfen zum Schluß.
Filtern und abkühlen, dann die untergärige Hefe beigeben.
Gärzeit 7–8 Tage.
Lagerzeit 5–6 Wochen.

Der Stammwürzegehalt dieses klassisch bitterherben Bieres beträgt rund 11°, die Lagerzeit für dieses untergärige Bier rund 5–6 Wochen. Verwenden Sie für dieses besondere Bier auch die entsprechenden Gläser, damit der durch den **Saazer Hopfen** sich bildende Bierschaum voll zur Geltung kommt.

Drei berühmte tschechische Biere

RECHTLICHE BESTIMMUNGEN

Schon der altbabylonische König **Hammurapi** (1728–1686 v. Chr.) erließ erste schriftlich überlieferte Regeln für die Herstellung und Verbreitung von Bier, wobei er strenge Strafen für deren Nichteinhaltung androhte.

Um gesundheitliche Probleme durch Verwendung von für uns heute unvorstellbaren Zutaten (wie Ochsengalle, Schlangenkraut, Wermut) hintanzuhalten, erließ Herzog **Wilhelm von Bayern** 1516 das „**Reinheitsgebot**". Auch wenn sich der Wortlaut dieser Verordnung im heutigen Juristendeutsch anders anhört – ihr Inhalt ist über Jahrhunderte gleich geblieben.

Doch nun zur Gegenwart: Wiewohl die EU lange Jahre versucht hat, die Zusammensetzung verschiedener Lebensmittel zu harmonisieren, gelang dies bei Bier jedenfalls nicht. Bier unterliegt daher auch in der EU den jeweiligen nationalen Zusammensetzungserfordernissen.

Mit dem EWR-Abkommen mußte jedoch auch die Judikatur des Europäischen Gerichtshofes (EuGH) übernommen werden. In vielen Urteilen – bekannt unter dem Schlagwort „Cassis"-Judikatur – vertrat der EuGH den Standpunkt, daß ein Produkt, das in einem Mitgliedstaat verkehrsfähig ist, auch in allen anderen Mitgliedstaaten verkehrsfähig sein muß. Auch in Sachen Bier gab es ein richtungsweisendes Urteil des EuGH im Zusammenhang mit dem Reinheitsgebot in Deutschland. Mit dem Inkrafttreten des EWR-Abkommens zum 1. Januar 1994 findet diese Judikatur des EuGH auch auf Österreich Anwendung. Dies bedeutet, daß Biere aus dem EWR-Raum, die den Bestimmungen des Herstellungslandes entsprechen, auch in Österreich verkehrsfähig sein müssen. Zur Täuschung des Verbrauchers geeignete Abweichungen in der Zusammensetzung sind jedoch kenntlich zu machen.

DAS DEUTSCHE BIERSTEUERGESETZ

Die aktuelle Regelung der zulässigen Rohstoffe für die Erzeugung von Bier ist in **§ 9 des Deutschen Biersteuergesetzes** enthalten. Explizit werden alle Grundstoffe angeführt.

§ 9 Bierbereitung
(1) Zur Bereitung von untergärigem Bier darf, abgesehen von den Vorschriften in den Absätzen 4 bis 6, nur Gerstenmalz, Hopfen, Hefe und Wasser verwendet werden.
(2) Die Bereitung von obergärigem Bier unterliegt derselben Vorschrift; es ist hierbei jedoch auch die Verwendung von anderem Malz und die Verwendung von technisch reinem Rohr-, Rüben- oder Invertzucker sowie von Stärkezucker und aus Zucker der bezeichneten Art hergestellten Farbmitteln zulässig.
(3) Unter Malz wird alles künstlich zum Keimen gebrachte Getreide verstanden.
(4) Die Verwendung von Färbebieren, die nur aus Malz, Hopfen, Hefe und Wasser hergestellt sind, ist bei der Bierbereitung gestattet, unterliegt jedoch besonderen Überwachungsmaßnahmen.

(5) An Stelle von Hopfen dürfen bei der Bierbereitung auch Hopfenpulver oder Hopfen in anderweit zerkleinerter Form oder Hopfenauszüge verwendet werden, sofern diese Erzeugnisse den nachstehenden Anforderungen entsprechen:

1. Hopfenpulver und anderweit zerkleinerter Hopfen sowie Hopfenauszüge müssen ausschließlich aus Hopfen gewonnen sein.
2. Hopfenauszüge müssen
   a) die beim Sudverfahren in die Bierwürze übergehenden Stoffe des Hopfens oder dessen Aroma- und Bitterstoffe in einer Beschaffenheit enthalten, wie sie Hopfen vor oder bei dem Kochen in der Bierwürze aufweist.
   b) Den Vorschriften des Lebensmittelrechts entsprechen.

Die Hopfenauszüge dürfen der Bierwürze nur vor Beginn oder während der Dauer des Würzekochens beigegeben werden.

(6) Als Klärmittel für Würze und Bier dürfen nur solche Stoffe verwendet werden, die mechanisch oder adsorbierend wirken und bis auf gesundheitlich, geruchlich und geschmacklich unbedenkliche, technisch unvermeidbare Anteile wieder ausgeschieden werden.

(7) Auf Antrag kann im einzelnen Fall zugelassen werden, daß bei der Bereitung von besonderen Bieren und von Bier, das zur Ausfuhr oder zu wissenschaftlichen Versuchen bestimmt ist, von den Absätzen 1 und 2 abgewichen wird.

(8) Die Vorschriften in den Absätzen 1 und 2 finden keine Anwendung für diejenigen Brauereien, die Bier nur für den Hausbedarf herstellen (Hausbrauer).

(9) Der Zusatz von Wasser zum Bier durch Brauer nach Feststellung des Extraktgehalts der Stammwürze im Gärkeller oder durch Bierhändler oder durch Wirte ist untersagt. Das Hauptzollamt kann Brauern unter den erforderlichen Sicherungsmaßnahmen den Zusatz von Wasser zum Bier nach Feststellung des Extraktgehaltes der Stammwürze im Gärkeller gestatten.

(10) Die Vermischung von Einfachbier, Schankbier, Vollbier und Starkbier miteinander sowie der Zusatz von Zucker zum Bier durch Brauer nach Entstehung der Steuer oder durch Bierhändler oder Wirte ist untersagt. Der Bundesminister der Finanzen kann Ausnahmen zulassen.

(11) Zur Herstellung von obergärigem Einfachbier kann nach Maßgabe der Zusatzstoff-Zulassungsverordnung vom 20. Dezember 1977 in der jeweils geltenden Fassung Süßstoff verwendet werden.

DAS ÖSTERREICHISCHE LEBENSMITTELBUCH

In Österreich regelt das **Österreichische Lebensmittelbuch** (Codex Alimentarius Austriacus) die Biererzeugung. Viele seiner Bestimmungen sind strenger als die einschlägigen Bestimmungen in der Bundesrepublik Deutschland. Für die Bierherstellung ist aber eine Reihe von **Zusatzstoffen** zulässig, die in Deutschland als Folge des „Deutschen Reinheitsgebotes" nicht verwendet werden dürfen.

Viele Brauereien in Österreich brauen aber ebenfalls gemäß den Bestimmungen des „Deutschen Reinheitsgebotes".

I. Beschreibung

1 Bier ist ein aus Zerealien, Hopfen und Wasser durch Maischen und Kochen hergestelltes, durch Hefe vergorenes, alkohol- und kohlensäurehältiges Getränk.

2 Als Zerealien (vermälzt[1] oder unvermälzt) werden Gerste, Weizen, Reis, Mais oder Erzeugnisse aus diesen verwendet.

3 Die Schüttung enthält mindestens 75 Gew.% Gersten- oder Weizenmalz oder Mischungen dieser beiden Malzarten.

4 Außer Doldenhopfen werden nur aus diesem gewonnene Hopfenprodukte (z.B. Hopfen-Pellets, Hopfenkonzentrate, Hopfenextrakte) ohne jeglichen Zusatz verwendet.

5 Nach der Art der verwendeten Hefe unterscheidet man untergärige und obergärige Biere. Es werden zur Gärung nur reine Hefestämme verwendet, lediglich für spezielle obergärige Biersorten können auch Mischkulturen mit Milchsäurebakterien verwendet werden.

6 Die Stärke des Bieres kommt in der Grädigkeit der Stammwürze zum Ausdruck. Jeder Grad Stammwürze bedeutet 1 Gramm Extrakt in 100 Gramm unvergorener Würze.

7 Biere mit einer Stammwürze von 9 bis 10 Grad werden als Abzugbiere, von 10 bis 12 Grad als Schankbiere, von 12 bis 14 Grad als Vollbiere bezeichnet. Biere mit einer Stammwürze von 13 Grad oder mehr können als Spezialbiere bezeichnet werden.

Nur Biere mit mindestens 16 Grad Stammwürze werden als Starkbier, Bockbier, Porterbier, Oster-, Pfingst- oder Weihnachtsbier bezeichnet. Biere mit höchstens 9 Grad Stammwürze und höchstens 3,7 Vol.% Alkohol werden als Leichtbier bezeichnet.

8 Als Lager- oder Märzenbier wird ein für Österreich typisches, ausgewogen-malziges, mild-hopfenbitteres, untergäriges Bier im Stammwürzebereich zwischen 12 und 12,8 Grad bezeichnet. Als Pils oder sinngemäß bezeichnete Biere sind untergärig und weisen eine Stammwürze zwischen 11 und 13 Grad auf; sie sind im wesentlichen stärker gehopft und hellfärbig. Als Weizenbier (Weißbier) bezeichnete Biere enthalten mindestens 50 Gew.% Weizenmalz in der Schüttung und weisen – sofern es sich nicht um Stark- oder Leichtbier im Sinne des Abs. 7 handelt – üblicherweise eine Stammwürze zwischen 11 und 13 Grad auf. Eine spezifische Sortenbezeichnung im vorhin genannten Sinn ersetzt eine Bezeichnung gemäß Abs. 7.

9 Bei in Verpackungen für Letztverbraucher in Verkehr gebrachten Bieren wird die Stammwürze in Graden deutlich sicht- und lesbar angegeben. Die Toleranz für die Deklaration der Stammwürze beträgt 0,2, bei Flaschengärung 0,5. Es erfolgt auch ein Hinweis, daß Bier vor Wärme geschützt zu lagern ist.

10 Bier ist ein durch Gärung erzeugtes Getränk, wobei der Alkohol einen wesentlichen Bestandteil darstellt. Bei in Verpackungen für Letztverbraucher in Verkehr gebrachten Bieren wird der Alkoholgehalt deutlich sicht- und lesbar in Volumsprozenten angegeben. Die Toleranz für die Deklaration des Alkoholgehalts beträgt 0,3, bei Flaschengärung 0,6. Alkohol wird nicht zugesetzt. Der Mindestalkoholgehalt beträgt 0,5 Vol.%. Daher ist auch die Bezeichnung „alkoholfreies Bier" oder gleichsinnig unzulässig.

11 Biere, die als „alkoholarm" oder unter einer gleichsinnigen Bezeichnung in Verkehr gebracht werden, enthalten nicht mehr als 1,9 Vol.% Alkohol.

12 Biere, die als „Nährbier" oder unter einer gleichsinnigen Bezeichnung in Verkehr gebracht werden, haben mindestens 12 Grad Stammwürze und werden aus den gleichen Rohstoffen wie andere Biere nach einem speziellen Verfahren hergestellt. Diese Biere haben bei üblichem Kohlensäuregehalt einen besonders hohen Restextrakt. Der „scheinbare Vergärungsgrad" darf höchstens 50% betragen.

13 Als „Bierkonzentrate" werden Produkte bezeichnet, die aus Bier durch besondere die Konzentration erhöhende Verfahren hergestellt werden und eine errechnete Stammwürze von mehr als 20 Grad haben. Bierkonzentrate werden zur Bierherstellung nicht verwendet. Aus Bierkonzentrat hergestellte Produkte werden nicht als Bier bezeichnet.

14 Die Azidität des Bieres rührt annähernd zu gleichen Teilen von primären Phosphaten und freien flüchtigen und nichtflüchtigen organischen Säuren her. Der pH-Wert des von der Kohlensäure befreiten Bieres liegt nicht über 4,9, bei untergärigem Bier nicht unter 4,0 und bei obergärigem Bier nicht unter 3,2. Allenfalls notwendige Korrekturen der Azidität werden nur im Sudhaus mittels Genußmilchsäure vorgenommen.

---

1) Bezüglich der Mälzung gilt das Codexkapitel B 20 „Mahl- und Schälprodukte", Abs. 2, sinngemäß.

15 Extrakterhöhende Stoffe werden nicht zugesetzt. Der natürliche Glyzeringehalt des Bieres schwankt zwischen 0,1 und 0,3 Gew.%.

16 Schweflige Säure wird dem Bier nicht zugesetzt. Der natürliche aus der Gärung stammende Gehalt an Schwefliger Säure beträgt bis zu 20 mg/l (berechnet als SO_2, bezogen auf 12 Grad Stammwürze).

17 Bier wird überwiegend klar in Verkehr gebracht.Die Klärung erfolgt nur durch physikalische Methoden (z. B. Filtration, Adsorption). Asbesthaltige Filter und Filterhilfsmittel werden nicht verwendet.

18 Zur Hintanhaltung später auftretender Eiweiß- und Gerbstofftrübungen werden nur gesundheitlich unbedenkliche Substanzen verwendet, die bis auf allfällige technisch unvermeidbare Spuren wieder entfernt werden.

19 Um ein besonders vollmundiges und schaumhaltiges Bier zu erhalten, werden diesem beim Abfüllen gelegentlich sogenannte Kräusen zugesetzt; unter „Kräusen" versteht man die am Anfang der Gärung stehende Bierwürze. Die so hergestellten Biere weisen – ebenso wie speziell bezeichnete (z.B. „Zwickl...") unfiltriert zum Verkauf gelangende Biere – eine Trübung auf. Eine leichte Trübung (z.B. Kältetrübung) kann auch von unlöslich gewordenen Eiweißstoffen herrühren.

20 Bier wird nicht chemisch konserviert. Für die Haltbarmachung kommen nur physikalische Methoden (z.B. Pasteurisierung, Entkeimungsfiltration) in Betracht.

21 Vorwiegend für die Herstellung dunkler Biere kann Zucker verwendet werden. Künstliche Süßstoffe werden bei der Herstellung von Bier nicht verwendet.

22 Bier wird nur mit Färbebier bis höchstens 100 EBC-Farbeinheiten gefärbt. Färbebier wird aus dunklem Malz, allenfalls mit Farbmalzzusatz hergestellt; es wird auf Sirupkonsistenz eingedickt (ca. 60 bis 65 Gew.% Trockensubstanzgehalt und mindestens 8000 EBC-Farbeinheiten)[2]. Ein Zusatz von Zuckercouleur ist nur bei Färbebier zulässig, das zur Herstellung von dunklem Bier verwendet wird.[3] Der Zuckercouleuranteil im Färbebier beträgt höchstens 50 Gew.%.

23 Um die Bildung geschmacklich unerwünschter Oxidationsprodukte zu verhindern, kann dem Bier Ascorbinsäure bis zu einer Höchstgrenze von 50 mg/l zugesetzt werden.

24 Schaumstabilisierende Mittel werden nicht zugesetzt.

25 Tropfbier (das von der Pipe oder vom Hahn abtropfende Bier) und Bierreste (z.B. „Hansel", das ist der in einem Gefäß stehengebliebene Bierrest, oder „Ausleerbier", das ist das beim Ausschank im Faß zurückbleibende Bier) werden nicht ausgeschenkt.

SCHWEIZER LEBENSMITTELVERORDNUNG

In der Schweiz regelt eine **Lebensmittelverordnung** das Herstellen von Bier. Sinngemäß gilt das über die Vorschriften in Österreich Gesagte.

Art. 377

(1) Bier ist ein alkoholisches und kohlensäurehaltiges Getränk, das aus einer Würze gewonnen wird, die mit Hefe vergoren wird und der Doldenhopfen oder Hopfenprodukte zugesetzt werden; die Würze ist aus stärke- oder zuckerhaltigen Rohstoffen und aus Trinkwasser hergestellt.

(2) Das Bier muß in der Regel klar sein. Nur bestimmte Biertypen (z.B. Hefebier) dürfen Trübungen oder Ablagerungen als Folge eines speziellen Herstellungsverfahrens aufweisen.

---

2) Derartiges Färbebier gilt nicht als Konzentrat gemäß Abs. 13.

3) Verordnung über den Zusatz von Farbstoffen zu Lebensmitteln und Verzehrprodukten, BGBl. Nr. 279/1979 i. d. g. F.

Art. 378

(1) Für die Herstellung der Würze können neben Gersten- oder Weizenmalz die folgenden stärke- oder zuckerhaltigen Rohstoffe verwendet werden:

    a) Cerealien wie Gerste, Weizen, Mais, Reis;

    b) Saccharose, Invertzucker, Dextrose, Glukosesirup bis höchstens 10 Gewichtsprozent;

    c) Stärke bis höchstens 20 Gewichtsprozent.

(2) Als Hopfenprodukte gelten: Hopfenpulver, angereichertes Hopfenpulver, Hopfenextrakt, Hopfenextraktpulver und isomerisierter Hopfenextrakt.

(3) Für die Zubereitung der Würze dürfen Röstmalz und Röstmalzextrakte verwendet werden.

(4) Der pH-Wert des Bieres darf bei der Abgabe an den Verbraucher 5,0 nicht übersteigen.

(5) Der Gehalt an Kohlensäure muß mindestens 0,30 Gewichtsprozent betragen.

RECHTLICHE BESTIMMUNGEN FÜR DAS BRAUEN ZU HAUSE

Alle diese o.g. Bestimmungen gelten für das Brauen zu Hause selbstverständlich **nicht.** Bringen Sie hingegen Ihr Bier unter Einhaltung der steuerlichen Vorschriften zum Verkauf, so gelten diese Bestimmungen allerdings auch für Sie.

Da Sie das „Naturprodukt" Bier selbst genießen wollen, sind Sie gewiß daran interessiert, nur **einwandfreie Rohstoffe** zu verwenden; Sie werden daher auf alle chemischen Beigaben verzichten. Der Schaum wird vielleicht nicht so lange halten, aber Sie wissen genau, was Sie trinken!

STEUERRECHTLICHE BESTIMMUNGEN

Sehr bald haben die Großen der jeweiligen Zeit erkannt, welch steuerlicher Ertrag aus der Produktion und dem Ausschank von Bier zu ziehen ist. Jahrhundertelang behielten sich daher Fürsten und andere Herrscher gewisse **Braurechte** vor oder vergaben sie nur gegen entsprechende Abgaben.

Heute wird die **Biersteuer** im deutschsprachigen Raum abhängig vom **Stammwürzegehalt** und gestaffelt nach der **Jahresausstoßmenge** der jeweiligen Brauerei berechnet und eingehoben.

In der Schweiz und in Österreich ist das Brauen zu Hause ohne jede amtliche Anmeldung und Bewilligung möglich. Der Verbrauch für den Eigenbedarf ist ebenfalls steuerfrei. Die Abgabe an Dritte – gleichgültig, ob gegen Bezahlung, an Freunde oder unentgeltlich – ist jedoch steuerpflichtig! Genaue Auskünfte über Höhe und Modalitäten der Steuerentrichtung erteilen Ihnen in **Österreich** das zuständige **Zollamt** und in der **Schweiz** die **Eidgenössische Oberzolldirektion,** Abteilung Bierbesteuerung, in Bern.

Davon abweichend ist in der Bundesrepublik Deutschland für das Brauen zu Hause eine **Meldung** an das zuständige **Hauptzollamt** erforderlich. Darin müssen Datum, Anschrift, Menge und Bierart, die zu brauen Sie beabsichtigen, enthalten sein. Die Entrichtung der Biersteuer erfolgt im nachhinein; sie ist einerseits von der Menge und andererseits vom Stammwürzegehalt des gebrauten Bieres abhängig. In den meisten Fällen (ca. 25 l Vollbier pro Monat) werden Sie unter die Steuergrenze fallen und keine Steuer entrichten müssen. Das entbindet Sie aber nicht von der Pflicht, eine Meldung bzw. eine entsprechende Steuererklärung abzugeben!

Ein weiteres **Kuriosum** ist, daß es bis 1986 in der Bundesrepublik Deutschland sogar verboten war, Anleitungen für das Brauen zu Hause zu verbreiten! – **Dieses Buch hätte daher damals nicht verkauft werden dürfen!**

Weiterhin nicht erlaubt ist es, alle Rohstoffe (Hopfen, Malz und Hefe) gemeinsam, mit dem Hinweis auf die **Eignung zu Brauzwecken,** abzugeben. Sie können im einschlägigen Handel sämtliche Rohstoffe zusammen oder einzeln erwerben, aber der Verkäufer darf Ihnen nicht sagen, daß sie zum Brauen von … Liter Bier geeignet sind. Diese Bestimmungen sind gewiß mit eine Ursache, weshalb das Brauen zu Hause fast völlig in Vergessenheit geraten ist.

Derartige **Einschränkungen** gab es in Österreich und in der Schweiz nicht. Ähnliche Restriktionen gelten übrigens auch für die Tradition der bäuerlichen Verarbeitung von Obst zu Schnaps. Durch die nur sehr eingeschränkte Vergabe von **Brennlizenzen,** vorwiegend an gewerbliche und industrielle Brennereien, ist diese Form der Verarbeitung und Veredelung von Obst in der Bundesrepublik Deutschland fast verlorengegangen.

BEZUGSQUELLENVERZEICHNIS

Von den vier für das Bierbrauen benötigten Rohstoffen sind – mit Ausnahme des Wassers – in Ihrem Haushalt **Hopfen, Malz** und **Brauhefe** normalerweise nicht lagernd. Mälzereien und hopfenverarbeitende Betriebe liefern die für das Brauen zu Hause benötigten Mengen **nicht,** da sie gewohnt sind, den Bedarf an die großen Malzsilos der Brauereien in LKW-Ladungen abzugeben.

Infolge der stürmischen Entwicklung im Bereich der gewerblichen Hausbrauereien, die das von ihnen gebraute Bier in der angeschlossenen Gastwirtschaft selbst verkaufen – bei Kapazitäten von 150–300 Liter Bier pro Brauvorgang –, hat sich ein eigener Fachhandel entwickelt. Dieser beliefert kleine Hausbrauereien und auch Sie. Bei diesen **Versandhändlern** erhalten Sie Hopfen, Malz, Brauhefen, Thermometer, Bierspindeln, Flaschen, Fässer etc. für Ihre private „Brauerei". Sollte sich eine **gewerbliche Hausbrauerei** in Ihrer Nähe befinden, empfehlen Ihnen die Autoren, sich die Rohstoffe dort zu besorgen, und der Braumeister oder Wirt wird Ihnen gerne einige Tips und Ratschläge geben. Durch den Wegfall der nicht unbeträchtlichen Versandkosten und Kleinmengenzuschläge ist diese Rohstoffbeschaffung für Sie finanziell wesentlich günstiger. Vielleicht aber haben Sie über Bekannte Kontakt zu einer **Großbrauerei.** Viele von ihnen machen Führungen, und Sie erhalten dort den Bedarf für Ihr Brauen zu Hause. In etlichen **Apotheken, Drogerien, Reformhäusern** und **Naturkostläden** werden Sie ebenfalls die erforderlichen Rohstoffe erhalten. Dem **Branchenteil** Ihres **Telefonbuches** können Sie die nächstgelegene Hausbrauerei, Mälzerei etc. entnehmen. Geräte, wie Flaschen, Gärfässer, Schläuche etc., werden Sie in **Raiffeisenlagerhäusern** und in **Kellereibedarfsartikelgeschäften** erhalten.

BUNDESREPUBLIK DEUTSCHLAND

Albert Pfäffle GmbH.
Gymnasiumstr. 73
74072 Heilbronn
Tel. (0 71 31) 84 5 89 oder 85 6 30
Fax (0 71 31) 82 2 94

Friedrich Sauer
Lenzhalde 66, Postfach 2125
73750 Ostfildern
Tel. (0 97 61) 91 88-0
Fax (0 97 61) 91 88 44

BIER-Company
Rund um's Selbstgebraute
Körtestraße 10, 10967 Berlin
Tel. (0 30) 69 32 7 20
Fax (0 30) 69 32 7 32

EICHLER GmbH
Martin-Bihn-Straße 18
63094 Rodgau-Hainhausen · Deutschland
Telefon: (0 61 06) 61 6 71 · Fax: (0 61 06) 61 6 81

DER HOBBYBRAUER-VERSAND
Fachhandel für Bioland-Rohstoffe & Zubehör für die
Haus- und Hobby-Bierbrauerei
Udo Krause, Satkau Nr. 1, D-29459 Clenze, Tel. (0 58 44) 630

Dreikorn Bräu
Waldenserstraße 9 · D-75446 Wiernsheim
Telefon (0 70 44) 71 15 · Fax (0 70 44) 92 02 45

Brau-Partner
Alles für den Hobby-Brauer
K. Kling
Kastellstraße 14
74080 Heilbronn
Tel. (0 71 31) 45 3 53, Fax (0 71 31) 41 5 60

Diese Firmen beliefern Sie mit allen Rohstoffen bzw. erteilen Ihnen Auskunft über weitere Bezugsmöglichkeiten.

Wie schon im Kapitel über die rechtlichen Bestimmungen ausgeführt, ist es in der Bundesrepublik Deutschland leider noch immer **nicht möglich,** sämtliche Rohstoffe im Set mit dem **Hinweis auf die Eignung für das Bierbrauen anzubieten!**

Mälzereien
Branchenteil Ihres Telefonbuches

Hopfen, Hopfenextrakt, Hopfenpulver
Branchenteil Ihres Telefonbuches

Brauhefen
Branchenteil Ihres Telefonbuches

Mr. Pepper
Großhandel für Brauereibedarf
Der Freund der Hobbybrauer
u. Hobbywinzer
Berliner Straße 126
16515 Oranienburg
Tel. (0 33 01) 53 07 31, Fax (0 33 01) 5 66 17

ÖSTERREICH

Österreich kennt keine Einschränkungen nach dem deutschen Biersteuergesetz, daher haben sich einige Firmen bereits darauf spezialisiert, ein **Gesamt-Set** für das **Bierbrauen zu Hause** anzubieten. Fordern Sie bei diesen **Versandhändlern** eine **Preisliste** an, und wählen Sie daraus Ihre Zutaten!

LS-Technik GesmbH.
Ing. L. Schlögl
Wehrgasse 6, A-2563 Pottenstein
Tel. (0 26 72) 82 4 19
Fax: (0 26 72) 82 4 19-7

Kellereibedarf
Roswitha Knopf
Gurkgasse 16, A-1140 Wien
Tel. (0 222) 982 62 40
Fax (0 222) 982 82 08

Dietmar Gohm
„Der Heimbrauer"
A-6822 Düns 108
Tel. u. Fax (0 55 24) 24 59

Höglinger und Huber OHG
Rheinstraße 11
A-3423 St. Andrä-Wördern
Tel. u. Fax (0 22 42) 33 551

Mälzereien
Branchenteil Ihres Telefonbuches

Hopfen, Hopfenextrakt, Hopfenpulver
Branchenteil Ihres Telefonbuches

Brauhefen
In Österreich gibt es keine Reinzuchtanstalten für die Züchtung von Brauhefen. Trockenhefen liefern die oben angegebenen Firmen. Eventuell können Sie sich Brauhefen auch unter den bei den deutschen Bezugsquellen angegebenen Adressen besorgen.

SCHWEIZ

SIOS Homebrew Shop
„The Beer People"
Postfach 2004
CH-8645 Jona
Tel. / Fax ++41 55 282 43 23

BIERMANN BIER
Heimbrauartikel
Martin Biedermann
Bahnhofstrasse, Postfach 107
CH-3718 Kandersteg
Tel. (0 50 33) 75 20 20

HAUSBRAUEREIEN

In letzter Zeit haben sich in vielen österreichischen und deutschen Orten wieder kleinere Hausbrauereien etabliert, die das dort gebraute Bier im angeschlossenen Gasthaus direkt verkaufen.

Sollte sich in Ihrer Nähe eine solche Hausbrauerei befinden, so kontaktieren Sie den Braumeister oder Wirt. Er wird Ihnen gewiß die Rohstoffe für Ihre Brauversuche verkaufen und Ihnen bei etwaigen Fragen mit fachmännischem Rat zur Seite stehen.

Tragen Sie sich ebenfalls mit dem Gedanken, eine derartige „Kleinbrauerei" zu errichten, verweisen die Autoren Sie auf einschlägige Firmen, die Ihnen die technischen Ausrüstungsgegenstände anbieten und bei der Planung behilflich sein werden.

In Österreich besteht – unter Einhaltung der steuerrechtlichen Vorschriften – im Rahmen des landwirtschaftlichen Nebenerwerbs die Möglichkeit, eine „Bierbuschenschank" zu betreiben. Diese Form des Veredelns der im eigenen Betrieb angebauten Braugerste kann für Tourismusregionen eine ähnliche Bedeutung erlangen wie die bereits bestehenden Wein- und Mostbuschenschenken. Für diese Form der „Brauereien" bietet beispielsweise die Firma LS-Technik GesmbH., Wehrgasse 6, A-2563 Pottenstein, Tel. (0 26 72) 82 4 19 Kleinbrauereien mit Kapazitäten von 50–300 l in Modulbauweise an.

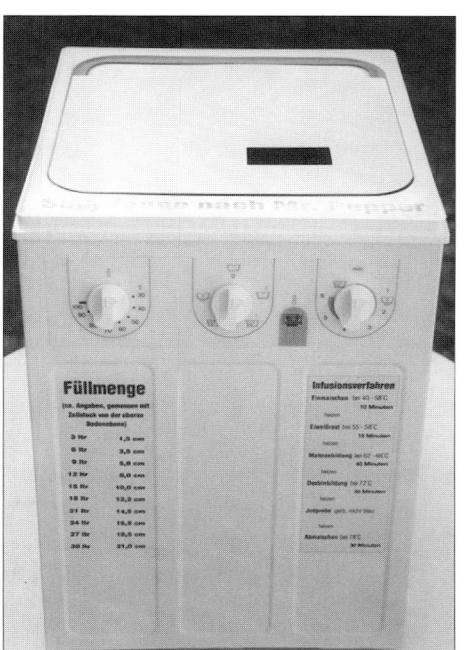

Sudpfanne nach Mr. Pepper für 30 l Bier.

Bezugsquelle:

Mr. Pepper
Großhandel für Brauereibedarf
Der Freund der Hobbybrauer
u. Hobbywinzer
Berliner Straße 126
16515 Oranienburg
Tel. (0 33 01) 53 07 31, Fax (0 33 01) 5 66 17

Vertrieb in Österreich:
Kellereibedarf
Roswitha Knopf
Gurkgasse 16, A-1140 Wien
Tel. (0 222) 982 62 40
Fax (0 222) 982 82 08

LEXIKON DER BRAUBEGRIFFE

Abläutern:
> Siehe Läutern.

Abzugsbier:
> In Österreich werden Biere mit einer Stammwürze von 9–10° als Abzugsbiere bezeichnet.

Alebiere:
> Unter *Ale* versteht man die typischen englischen Biere, welche obergärig gebraut werden. In englischen Pubs wird dieses Bier als Spezialität ohne Schaum, leicht trüb und eher (lau)warm serviert. Das Wort „Ale" bezeichnet als Sammelbegriff diese typisch englischen Biere, wobei es noch einige Unterschiede hinsichtlich ihrer Stärke gibt. Man unterscheidet in England verschiedene Sorten Ale, wie *Mild, Bitter, Pale Ale, Brown Ale, Barley Wine (Starkbier)*. Dieselbe Tradition obergäriger Biere weisen die belgischen Weizenbiere und das deutsche Altbier auf. Auch in Schottland und Irland werden Ales mit etwas anderer Tradition hergestellt.

Alkoholgehalt:
> Der Alkoholgehalt des Bieres ist indirekt abhängig von der Stammwürze des Bieres. Je nach Stärke des Bieres schwankt er von 0,5 Vol.-% bei sogenannten alkoholfreien Bieren und 14 Vol.-% bei Starkbieren wie beim Schweizer Samiclaus.

Alphaamylase:
> Ist jenes Enzym, das die Aufspaltung des Braumalzes in Maltose (Malzzucker) und Dextrin beim Maischen bewirkt.

Altbier:
> Eine obergärige Bierspezialität, leicht dunkel bis kupferfarbig. Dieses Bier wird aus eigenen Altbiergläsern getrunken. Es ist vom Geschmack und der Tradition – daher auch der Name *Altbier* – dem englischen *Ale* und den belgischen obergärigen Bieren verwandt. Wichtige Altbierregionen in Deutschland sind Düsseldorf, Hannover und Münster.

Aromahopfen:
> Aromahopfen ist eine besondere, entsprechend teure Hopfenart, die vorwiegend für Biere des Typs „*Pils*" verwendet wird. Wichtige Anbaugebiete dieser Hopfensorte sind die Hallertau und Tettnang in Bayern sowie das tschechische Saaz.

Berliner Weiße:
> Eine obergärige Bierspezialität mit Weizenanteil, welche mit einer Mischung aus Hefe und Milchsäurebakterien vergoren wird. Vor dem Genuß wird die *Berliner Weiße* noch mit Himbeersaft (rot) oder Waldmeister (grün) gemischt (verschnitten).

Betaamylase:
> Neben der Alphaamylase das zweite Enzym, das für die Umwandlung der Stärke des Braumalzes in Maltose (Malzzucker) und Dextrin verantwortlich ist.

Bier:

Bier ist ein aus Zerealien (stärkehaltigen Getreidesorten), Hopfen und Wasser durch Maischen und Kochen hergestelltes, durch Hefe vergorenes, alkohol- und kohlensäurehaltiges Getränk.

Bierspindel:

Ein Meßgerät zur Bestimmung der gelösten Bestandteile in der Würze. Das Verhältnis gelöster Stoffe zu Wasser wird in Prozentsätzen angegeben. 12% oder Grad Stammwürze bedeutet, daß 12 Teilen gelöster Stoffe 88 Teile Wasser gegenüberstehen. Diese Bierspindeln für das Brauen zu Hause sind meist auf eine Temperatur von 20° C geeicht.

Blankes Bier:

Als blanke Biere werden klare, gefilterte Biere – im Unterschied zu den ungefilterten *Zwicklbieren* (Hefebieren) – bezeichnet. Heute werden die meisten Biere gefiltert abgefüllt. Blanke Biere enthalten weniger Kalorien als die ungefilterten.

Bockbier:

Diese Starkbiere haben einen höheren Stammwürzegehalt. Bockbier ist stark vollmundig, würzig-fein gehopft, alkoholreich und bernsteinfarbig. Diese Starkbiere werden zu besonderen Anlässen, wie Ostern oder Weihnachten, gebraut. In Österreich werden Starkbiere mit mehr als 14° Stammwürze als Bockbiere bezeichnet.

Braugerste:

Für die Bierherstellung wird vorwiegend die zweizeilige, in der Mälzerei für den Brauprozeß aufbereitete Sommergerste verwendet. Weltweit werden mehr als 300 verschiedene Braugerstesorten angebaut. Braugerste unterscheidet sich von der Futtergerste dadurch, daß sie wesentlich mehr Stärke, dafür weniger Eiweiß enthält.

Brauprotokoll:

Aufzeichnungen der jeweiligen Brauvorgänge. Das Brauprotokoll dient der Mengenkontrolle und dem Erkennen von Braufehlern. Darüber hinaus dient es auch als buchhalterische Unterlage für die Abgabenentrichtung gemäß den einschlägigen Steuerbestimmungen. Beim Brauen zu Hause ist das Brauprotokoll hauptsächlich zum Erkennen der Braufehler wichtig.

Brauwasser:

Sollte möglichst weich und ohne organische und mineralische Verunreinigungen sein. Der pH-Wert (Säurewert) sollte zwischen 4–5 liegen. Je weicher das Brauwasser ist, desto besser ist es für Brauzwecke geeignet. Weiches Brauwasser führt zu höheren Ausbeuten. Entspricht das Brauwasser nicht den hohen Anforderungen, wird es in den Brauereien mit chemischen und physikalischen Methoden vor dem Brauen aufbereitet. Es ist mit einem Anteil von mehr als 90% im fertigen Bier der wichtigste Inhaltsstoff.

Darren:

Darunter versteht man den Trocknungs- bzw. Röstvorgang in der Mälzerei. Dabei wird das gekeimte Getreide meist mit heißer Luft getrocknet (gedarrt). Helles Malz wird bei ca. 80° C gedarrt, dunkles hingegen bei Temperaturen über 105° C geröstet.

Dekoktionsverfahren:

Ein aufwendigeres Brauverfahren als das für das Brauen zu Hause verwendete Infusionsverfahren, bei dem Teile der Maische entnommen, in einem zweiten Behälter gesondert gekocht und anschließend wieder der Maische beigegeben werden. Die Ausbeute pro Sud ist bei diesem Brauverfahren höher als beim einfacheren Infusionsverfahren.

Dextrin:

Ein Einfachzucker, der durch die Enzyme des Braumalzes gebildet wird und die Voraussetzung dafür darstellt, daß dieser Zucker in der Folge durch die Hefen in Alkohol und Kohlensäure aufgespalten wird.

Einfachbier:

In Deutschland werden Biere mit einem Stammwürzegehalt von 2–5,5° als Einfachbiere bezeichnet.

Enzyme:

Die im Malz enthaltenen Biokatalysatoren, die die Aufspaltung in vergärbare Substanzen (Maltose und Dextrin) bewirken. Je aktiver die Enzyme des Malzes sind, desto schneller und erfolgreicher erfolgt die Verzuckerung.

Farbmalz:

Eine spezielle Malzart, die zum Färben der Biere verwendet wird. Beigabe höchstens 2 Vol.-% der Schüttung, um Geschmacksbeeinträchtigungen zu vermeiden.

Filtern:

In den Brauereien wird das fertige Bier zwecks Entfernung der Trübstoffe und der Heferückstände gefiltert. Es wird dadurch klar und durchsichtig (blankes Bier). Ungefilterte Biere *(Zwicklbiere)* sind leicht trüb; sie enthalten durch diese Inhaltsstoffe aber auch mehr Kalorien. In den Brauereien erfolgt die Filterung über Kieselgurfilter, welche diese kleinen Schwebstoffe zurückhalten. Beim Brauen zu Hause erfolgt keine Filterung, daher ist das Bier leicht trüb, aber auch aromatischer.

Flüssigmalz:

Diese Form des Malzes erspart beim Brauen zu Hause den zeitaufwendigen Maischevorgang. Flüssigmalz wird in Blechdosen oder in Gläsern angeboten. Für erste Brauversuche eignen sich diese „vorgebrauten" Malze.

Führung oder Gärführung:

Unter Führung oder Gärführung versteht man, wie oft die Hefen beim Brauen verwendet werden. Da die Gefahr der Degeneration der Hefen besteht, werden diese nach einigen Gärführungen durch neue Reinzuchthefen ersetzt.

Gärbottich:

Offene Gefäße, in denen das Bier vergoren wird. Charakteristisch für diese Form der Gärung ist die Schaumbildung an der Oberfläche. Zu Hause verwenden Sie zumeist diese Form der Vergärung in einem offenen Gefäß.

Gärtank:

Gärtanks sind geschlossene Gärbehälter, im Unterschied zu den offenen Gärbottichen. Die überschüssige Kohlensäure, die bei der Vergärung entsteht, entweicht durch Überdruckventile. Moderne Brauereien verwenden heute meist geschlossene Gärtanks.

Gärung:

Unter Gärung oder alkoholischer Gärung versteht man den Umwandlungsprozeß von Malzzucker zu Alkohol und Kohlensäure durch die eingesetzten Hefen.

Grünmalz:

Als Grünmalz bezeichnet man das nach dem Keimen im Mälzprozeß entstandene Zwischenprodukt vor dem Darren. Es enthält mehr Enzyme als das anschließend gedarrte Malz, ist aber nicht lagerfähig. Sie können Grünmalz zu Hause im Backrohr auch selbst herstellen.

Härtegrad:

Der Härtegrad des Brauwassers bezeichnet den Gehalt der verschiedenen Salze, Mineralstoffe und Spurenelemente, die völlig natürlich aus dem Boden gelöst sind. Die Eigenschaften des Brauwassers sind für den individuellen Geschmack des Bieres mitverantwortlich und nicht zuletzt auch für die Bierqualität bestimmend.

Hauptgärung:

Die Hauptgärung erfolgt in Gärbottichen oder Gärtanks. Bei obergärigen Hefen dauert sie etwa 2–3 Tage, bei untergärigen hingegen 7–8 Tage.

Hausbrauereien:

Kleine Brauereien, meist mit angeschlossener Gaststätte, die sich in letzter Zeit wieder steigender Beliebtheit erfreuen. Oft wird in diesen Brauereien ungefiltertes *Zwicklbier* ausgeschenkt.

Hefen:

Bioorganismen (Kleinstlebewesen), die bei der Vergärung die Umwandlung des Malzzuckers in Alkohol und Kohlensäure (CO_2) bewirken. Es gibt zwei Arten von Hefen mit verschiedenen Gäreigenschaften. Obergärige Hefen *(Saccaromyces cerevisiae)* gären bei 15–20° C und sind die ursprünglichsten Bierhefen. Heute werden sie hauptsächlich für Spezialbiere verwendet. Die meisten Biere werden heute hingegen mit den untergärigen Hefen *(Saccaromyces carlsbergensis)* vergoren, welche künstliche (elektrische) Kühlanlagen benötigen, da sie bei 4–8° C arbeiten. Hefen sind so klein, daß sie erst bei 800facher Vergrößerung unter dem Mikroskop sichtbar werden. Daher wußte man lange nicht um die Notwendigkeit der Hefen bei der Biererzeugung Bescheid. Im „Deutschen Reinheitsgebot" von 1516 steht deshalb noch nichts von Hefen.

Heißtrubabscheidung:

Beim Kochen der Würze mit dem Hopfen fallen die Eiweißbestandteile der Würze aus und werden mittels Filter oder Whirlpools aus der heißen Würze entfernt. Beim Brauen zu Hause werden diese Eiweißbestandteile mittels Stoffwindeln ausgefiltert.

Hopfen:

Hopfen *(Humulus lupulus)* ist ein Maulbeergewächs, das dem Bier die charakteristische herbe Note verleiht. Für das Brauen in Mitteleuropa werden überwiegend die unbefruchteten weiblichen Dolden des Hopfens verwendet, während in England auch die männlichen Hopfendolden Verwendung finden. Die Bitterstoffe des Hopfens wirken antibakteriell und sind für die Konsistenz des Bierschaumes wichtig. Zum Brauen wird Hopfen in Form von getrocknetem Naturhopfen, gepreßten Hopfenpellets oder als Hopfenextrakt in getrockneter oder flüssiger Form verwendet. Man unterscheidet zwei verschiedene Hopfensorten: Aromahopfen für spezielle, bittere Biere, und Bitterhopfen. Die wichtigsten Anbaugebiete sind die Hallertau, Tettnang, Saaz, das Gebiet um Leutschach in der Südsteiermark und das Mühlviertel in Oberösterreich.

Infusionsverfahren:

Ein einfaches Brauverfahren, bei dem unter Einhaltung von genau festgesetzten Rastzeiten die Temperatur der Maische bis auf 78° C erhöht wird. Das Infusionsverfahren ist für das Brauen zu Hause das einfachste und am besten geeignete Brauverfahren.

Jodprobe:

Dient der Feststellung, ob die Enzyme des Malzes die Umwandlung in Maltose (Malzzucker) bewirkt haben. Bei Gelbfärbung der Jodprobe ist die Umwandlung der Stärke in Malzzucker bereits abgeschlossen. Für die Jodprobe verwendet man standardisierte Jodlösung oder 1%ige Kaliumjoditlösung (jodfärbig, nicht farblos!). Auch standardisierte Jodlösung unter der Handelsbezeichnung Bedaisodonalösung zur Desinfektion von Wunden eignet sich zur Durchführung der Jodprobe. Diese Jodlösung ist in jeder Apotheke kostengünstig erhältlich.

Kalttrubabscheidung:

Nach dem Abkühlen der Würze kommt es noch einmal zum Ausfallen von Trübstoffen aus Eiweiß und Hopfenbestandteilen, die vor dem Vergären aus der Würze gefiltert werden.

Karamelmalz:

Eine besondere Form des Malzes, das dem Bier seinen vollmundigen Geschmack verleiht.

Kölsch:

Eine Bierspezialität aus Köln, welche original nur in dieser Stadt am Rhein gebraut werden darf. *Kölsch* ist ein obergäriges Bier.

Kwaas:

Eine russische Bierspezialität, bei der Schwarzbrot in Wasser gekocht und mit Backhefe zum Vergären gebracht wird. Diese Form einer bierähnlichen Erzeugung ähnelt den ursprünglichen Methoden bei den Assyrern, Sumerern und Ägyptern.

Läutern oder Abläutern:

Darunter versteht man das Trennen der festen (Treber) von den flüssigen (Würze) Bestandteilen der Maische.

Lambic:

Lambicbiere sind obergärige belgische Spezialbiere, die ohne Reinzuchthefen vergoren werden. Die „wilden" Hefen (Spontangärung) geben diesem ausgefallenen Bier seinen besonderen Charakter. Teilweise werden diese Biere auch mit Fruchtbieren (Kirschen, Erdbeeren und Himbeeren) verschnitten. Die Nachgärung erfolgt bei diesen besonderen Bieren ähnlich dem Champagner in der Flasche in Form einer zweiten Gärung. *Lambicbiere* werden auch in Champagnerflaschen abgefüllt und mit Korken verschlossen.

Leichtbier:

Dieses Bier ist relativ neu und im Geschmack nicht so intensiv wie andere Biertypen. Es ist leicht (weniger Kalorien und weniger Alkohol) und wird bevorzugt etwas kühler getrunken als Vollbiere. Leichtbiere haben einen Stammwürzegehalt von höchstens 9°.

Mälzerei:

Eine Mälzerei war früher ein wichtiger Teil der Brauerei. Heute hat sich der Beruf des Mälzers von dem des Brauers getrennt, und Mälzereien arbeiten als Dienstleistungsbetriebe im Auftrag der Brauereien. In der Mälzerei werden aus der zweizeiligen Sommergerste durch Keimen und anschließendes Darren verschiedenste Sorten Malz erzeugt. Helles Braumalz wird bei rund 70° C gedarrt (getrocknet), dunkles Malz hingegen bei mehr als 100° C geröstet.

Märzenbier:

Ein für Österreich und Bayern typisches, ausgewogen malziges, mild gehopftes untergäriges Bier. Der Name *Märzenbier* stammt vom Monat März, in dem jahrhundertelang die letzte Möglichkeit bestand, unabhängig von äußeren Witterungseinflüssen und ohne technische Kühlung länger haltbares, untergäriges Bier herzustellen.

Maischebottich:

Dient in der Brauerei zum Einmaischen. Beim Brauen zu Hause ist der Maischebottich ein großer Einkochtopf.

Maischen:

Unter Maischen oder Einmaischen versteht man das Vermischen des geschroteten Braumalzes mit dem Brauwasser im Maischebottich.

Maltose (Malzzucker):

Im Maischevorgang wird das Malz durch die in ihm enthaltenen Enzyme zu Maltose (Malzzucker) umgewandelt. Erst die Maltose kann dann von der Hefe bei der alkoholischen Gärung in Alkohol und Kohlensäure umgewandelt werden.

Malz:

Entsteht durch die besondere Behandlung der Braugerste in den Mälzereien. Die Braugerste wird in Wasser gequollen und anschließend zum Keimen gebracht. Durch ständiges

Umschütten wird ein Schimmeln des Malzes verhindert. Nach einigen Tagen wird der Malzvorgang beendet und das Malz gedarrt (getrocknet): helles Malz bei ca. 70° C, dunkles Malz hingegen bei mehr als 100° C.

Nährbier:

Nährbier ist ein nahrhaft süßer, stark malziger Biertyp, der nach einem speziellen Verfahren gebraut wird, dabei aber alkoholärmer ist als andere Vollbiere mit gleichem Stammwürzegehalt

Nachgärung:

Die Nachgärung erfolgt in den Brauereien meist in Lagertanks. Spezialbiere, wie beispielsweise *Weizenbiere,* erhalten aber auch eine Nachgärung in der Flasche. Beim Brauen zu Hause erfolgt die Nachgärung immer in der Flasche, da keine geschlossenen Lagertanks zur Verfügung stehen und beim Abfüllen die letzte Kohlensäure, die sich bei der Nachgärung bildet, entweichen würde.

Nachguß:

Unter Nachguß versteht man das heiße Brauwasser, mit dem der Treber noch einmal nachgeschwemmt wird und damit noch brauwichtige Bestandteile gelöst werden. Dieser Nachguß wird mit der geläuterten Würze vermischt und gemeinsam mit dem Hopfen gekocht.

Obergäriges Bier:

Darunter versteht man ein mit obergäriger Hefe gebrautes Bier, das bei 15–20° C gärt. Obergäriges Bier hat den Nachteil geringerer Haltbarkeit und Lagerfähigkeit. Bis ins 19. Jahrhundert wurde hauptsächlich obergärig gebraut, da noch keine elektrischen Kühlaggregate zur Verfügung standen. Heute werden überwiegend Spezialbiere nach diesem Verfahren erzeugt. Die wichtigsten obergärigen Biersorten sind *Weiß-* oder *Weizenbiere, Alt, Kölsch, Ale, Stout, Porter.*

Obergärige Hefen:

Obergärige Hefen *(Saccaromyces cerevisiae)* sind die ursprünglichsten Brauhefen. Sie arbeiten bei 15–20° C und setzen sich nach Beendigung der Hauptgärung an der Oberfläche im Gärgefäß ab, daher auch ihr Name. Die Gärung dauert bei diesen Hefen rund 2–3 Tage. Da keine aufwendige Kühlung erforderlich ist, eignen sich obergärige Hefen besonders gut für das Brauen zu Hause.

pH-Wert:

Der pH-Wert gibt den Säurewert des Brauwassers an. Optimale Werte für das Bierbrauen liegen bei einem pH-Wert von 4–5. Zum Testen des Brauwassers wird pH-Indikatorpapier verwendet, dessen Verfärbung den jeweiligen Säurewert angibt.

Pilsbier:

Ein untergäriges, sehr helles, dafür stärker gehopftes Bier mit einem Stammwürzegehalt von 11–13°. Der Name dieser Biersorte stammt aus dem tschechischen Ort Pilsen, der bekannt für sein weiches, ausgezeichnetes Brauwasser ist.

Porter:

Porter oder *Stout* ist ein dunkles, mit stark geröstetem Malz hergestelltes obergäriges Bier. Ursprünglich stammt dieser Biertyp aus London; allerdings konnte sich der Stouttyp in der Form des *Dry Stout* vor allem in Irland durchsetzen. Weltberühmt ist das irische Guinness aus Dublin.

Reinheitsgebot:

Das „Reinheitsgebot" wurde am 23. April 1516 vom Bayernherzog Wilhelm IV. erlassen. Es schreibt die ausschließliche Verwendung von Wasser, Gerstenmalz und Hopfen für die Biererzeugung vor. Hefe als vierter Rohstoff des Brauens war im Jahr 1516 noch gar nicht bekannt. Die einzige Ausnahme, die das „Reinheitsgebot" gestattet, ist die Verwendung von Weizenmalz für *Weißbiere*. Seit 1918 gilt dieses „Deutsche Reinheitsgebot" für die gesamte Bundesrepublik und wird auch von vielen ausländischen Brauereien zum Brauen ihrer Biere eingesetzt.

Rohfruchtbeigaben:

Neben gemälztem Getreide werden für die Biererzeugung auch ungemälzte Getreidearten verwendet, einerseits als Substitute, wie beispielsweise Reis oder Mais, oder ungemälzter Weizen wie in den belgischen *Weißbieren*. Für das Brauen zu Hause eignen sich Rohfruchtbeigaben nicht besonders, da durch das größere Gewicht dieser ungemälzten Getreidesorten die Gefahr des Anbrennens im Maischeprozeß besteht.

Samiclaus-Bier:

Dieses stärkste Bier der Welt ist eine Schweizer Bierspezialität, die den Namen von St. Nikolaus hat, da es ausschließlich am 6. Dezember gebraut und ein Jahr später, wieder an diesem Tag, erstmals verkauft wird. Es erhält dann einen Jahrgangsaufdruck. Dieses Starkbier hat rund 14 Vol.-% Alkoholgehalt.

Schankbier:

Das österreichische Biersteuergesetz bezeichnet Biere mit einem Stammwürzegehalt von 10–12° als Schankbiere.

Schroten:

Schroten nennt man das Zerkleinern der Malzkörner vor dem eigentlichen Brauvorgang. Dabei werden die Malzkörner nur grob zerkleinert, eher zerquetscht, nicht gemahlen.

Spezialbier:

Das Schweizer Biergesetz bezeichnet Biere mit einem Stammwürzegehalt zwischen 11° und 14° als Spezialbiere.

Stammwürze:

Die Stammwürze gibt in % oder in Grad an, wieviel gelöste Extraktstoffe des Malzes und des Hopfens im Bier enthalten sind. 12% Stammwürze beispielsweise bedeutet, daß 88 Teilen Wasser 12 Teile Extrakte gegenüberstehen. Der Stammwürze- oder Würzegehalt wird mit der Bierspindel exakt bestimmt und ist auch die Basis für die Berechnung der Biersteuer. Die Stammwürze ist nicht zu verwechseln mit dem Alkoholgehalt des Bieres, der aber indirekt wieder von dieser abhängig ist. Als Faustregel gilt, daß die Stammwürze, dividiert durch 3, den ungefähren Alkoholgehalt des Bieres angibt.

Starkbier:

In Deutschland und der Schweiz werden Biere mit mehr als 14° Stammwürzegehalt als Starkbiere bezeichnet. In Österreich hingegen heißen diese Biere *Bockbiere*.

Stout:

Stouts sind sehr dunkle, ja fast schwarze Biere, die mit stark geröstetem Malz erzeugt werden. Sie haben einen Geschmack vergleichbar den Kaffeebohnen, da das Malz ja auch in einem ähnlichen Verfahren geröstet wird. Der bekannteste Vertreter dieser obergärigen Biere ist das irische Guinness, welches beinahe weltweit erhältlich ist, auch wenn das Original in Dublin anders schmeckt als die in Lizenz in den jeweiligen Ländern gebrauten Biere.

Sud:

Als Sud bezeichnet man den Vorgang des Kochens der Würze.

Sudhaus:

Im Sudhaus werden die Maische und anschließend die Würze gekocht.

Treber:

Treber werden die festen Bestandteile der Maische genannt, die beim Läutern von der flüssigen Würze getrennt werden. Treber wird als Abfallprodukt der Bierherstellung in der Viehzucht als hochwertiges Futtermittel verwendet, da er noch relativ viel Eiweiß enthält. Der Treber beim Brauen zu Hause kann als Müsli oder als Beigabe zum Brotbacken verwendet werden. Manche Brauereien brennen aus diesem Treber auch einen Schnaps, der ähnlich der italienischen Grappa (Tresterschnaps) schmeckt.

Untergäriges Bier:

Die meisten Biere (rund 80%) werden heute weltweit untergärig gebraut. Die Vergärung erfolgt mittels untergäriger Hefen bei einer Gärtemperatur von 4–8° C. Die Vorteile untergäriger Biere sind deren längere Lagerfähigkeit und Haltbarkeit. Untergärige Biere lassen sich auch ohne größere Qualitätsverluste über längere Entfernungen transportieren. Wichtigste Biertypen sind alle Biere nach *Pilsner Art*, *Märzen*, *Spezial-* und *Lagerbiere*.

Untergärige Hefen:

Untergärige Hefen *(Saccaromyces carlsbergensis)* gären bei einer Gärtemperatur von 4–8° C. Die Gärung dauert zum Unterschied von den obergärigen Hefen rund 7–8 Tage. Untergärige Hefen werden heutzutage in eigenen Labors in Reinzucht vermehrt. Viele Brauereien lassen sich ihre jeweilige Hefe patentieren und sichern sich damit die ausschließliche Verwendung dieser Hefen für ihre Biere.

Verzuckerungsrast:

Unter Verzuckerungsrast versteht man Pausen beim Einmaischen, in denen die Enzyme des Braumalzes die Aufspaltung der Stärke des Braumalzes in Maltose (Malzzucker) und Dextrin vornehmen.

Vollbier:

In Deutschland werden Biere mit einem Stammwürzegehalt zwischen 11° und 14° als Vollbiere bezeichnet. Diese Kategorisierung gilt auch für Österreich, wobei hinsichtlich der Sachbezeichnung der spezifische Biertyp, also *Weißbier*, *Pils* oder *Märzen*, bei der Kennzeichnung Vorrang hat.

Weizenbier:

Weizenbier ist ein obergäriges Bier mit einem Weizenmalzanteil von mindestens 50 Vol.-%. Es ist erfrischend spritzig, schwach gehopft und sehr kohlensäurereich. Weizenbier wird auch als *Weizenbock* oder als Leichtbier sowohl blank (klar) als auch hefetrüb angeboten. Von Bayern ausgehend, erlebt das *Weizenbier* oder, wie es hier auch heißt, *Weißbier* in den letzten Jahren einen unglaublichen Aufschwung als erfrischendes Getränk, vor allem in der warmen Jahreszeit. Auch in Belgien werden *Weizenbiere*, hier aber zumeist mit ungemälztem Weizen (Rohfrucht), gebraut.

Würze:

Unter Würze versteht man den flüssigen Teil der Maische, der unter Beigabe von Hopfen gekocht wird.

Zucker:

Bei vielen Bieren, die nicht nach dem „Deutschen Reinheitsgebot" gebraut werden, wird eine gewisse Menge Zucker der Maische beigegeben und ersetzt dabei das relativ teure Malz. Gerade viele Rezepte aus dem angelsächsischen Bereich für das Brauen zu Hause enthalten immer wieder die Verwendung dieser Zusatzstoffe. Das bekannte *Trappistenbier* in Belgien und Holland wird beispielsweise durch eine Nachgärung mit Kandiszucker in der Flasche mit Kohlensäure angereichert.

Zuckercouleur:

Zuckercouleur wird zum Färben obergäriger Biere, vor allem *Weizenbiere*, verwendet. Nach dem „Deutschen Reinheitsgebot" ist Zuckercouleur der einzige zulässige Zusatzstoff.

Zwicklbier:

Zwicklbier ist ungefiltertes Bier, das über einen eigenen Hahn, den sogenannten Zwicklhahn, dem Gärbottich entnommen wird. Diese ungefilterten Biere werden in letzter Zeit verstärkt als eine Besonderheit angeboten und mit steigender Beliebtheit vor allem in Hausbrauereien getrunken. Da in diesen Bieren noch lebende Hefebestandteile enthalten sind, schmecken sie voller und haben einen intensiveren Geschmack, aber auch einen höheren Kalorienanteil.

DANKSAGUNG

Vor allem gilt den Lesern unseres ersten Buches „Bierbrauen für jedermann" Dank, die es erst ermöglicht haben, daß dieses erweiterte Werk mit Bierspezialitäten Europas erscheinen kann. Besonders danken wir auch den vielen Teilnehmern unserer Bierbrauseminare in Österreich und der Bundesrepublik Deutschland, welche mitgeholfen haben, die Schwachstellen beim ersten Buch auszumerzen und die mit ihren Anregungen und Verbesserungsvorschlägen vor allem in technischer Hinsicht viel zur Weiterentwicklung beim Brauen zu Hause beigetragen haben. Etliche Bastler haben uns immer wieder durch ihre kreativen Lösungen überrascht, das Brauen zu Hause noch einfacher und auch professioneller zu gestalten. Es wurden keine Kosten, Mühen und Zeit gescheut, um die Voraussetzungen für das Bierbrauen zu verbessern – ob dies jetzt die Konstruktion eigener Läuterbottiche ist oder der Bau spezieller Kühlschlangen aus Kupfer zum möglichst raschen Abkühlen der Würze auf Gärtemperatur.
Unser besonderer Dank gilt natürlich auch dem Leopold Stocker Verlag für das entgegengebrachte Vertrauen und die Möglichkeit, dieses Buch so gut und reichhaltig zu illustrieren, sowie meinen Kollegen Dr. Wolfgang Klesl als Lektor und Bernhard Stroißnigg als Hersteller für die Mühen und Anregungen von ihrer Seite.

BILDQUELLENVERZEICHNIS

Dieter Gansterer 2; Michael Hlatky 45; Fa. Knopf 6; Thomas Mühlbacher 1; Walter Neuwirth 1; Osttiroler Getreidemühlen 1; Ottakringer Brauerei 1; Mr. Pepper 1; Franz Reil 1; Leopold Schlögl 5; Fa. Schneeberger 1; Schwalbenbräu 1; Schwechater Brauerei 2; Spirit of Hanf 2; Stiegl Brauerei 2; Foto Tropper 1

Skizzen: Manfred Neuhold 2; Herwig Steiner 3

LITERATUR

Theodor Böttinger, Das Taschenbuch vom Bier. Wilhelm Heyne Verlag, München, 4. Auflage 1975.

Wolfgang Vogel, Bier aus eigenem Keller. Verlag Eugen Ulmer, Stuttgart, 3. Auflage 1993.

Der vollkommene Bierbrauer oder Kurzer Unterricht, alle Arten Biere zu brauen, wie auch verdorbene Biere wieder gut zu machen, auch alle Arten von Kräuter-Bieren: nebst einem Anhang vom Methsieden. Reprint der Originalausgabe Frankfurt/Leipzig 1784, Reprintverlag Leipzig, 1990.

Ludwig Narziß, Abriß der Bierbrauerei. Ferdinand Enke Verlag, Stuttgart, 4. Auflage 1980.

Rolf Lohberg, Das große Lexikon vom Bier. Scripta Verlag, Stuttgart, 3. Auflage 1984.

Wulf-Jürgen Uhlmann, Bier und Gesundheit. Karl F. Haug Verlag, Heidelberg, 1970.

Georg Zentgraf/Ansgar Kneissl, Die Brauerei im Bild. Verlag Hans Carl, München, 9. Auflage 1989.

Karl-Ulrich Heyse (Hg.), Handbuch der Brauerei-Praxis. Verlag Hans Carl, München, 2. Auflage 1989.

Gesellschaft für Öffentlichkeitsarbeit der österreichischen Brauwirtschaft (Hg.), Wissenswertes rund ums Bier. Wien, 1993.

Biere aus aller Welt, Karl Müller Verlag, Erlangen 1994.

Michael Jackson, Bier International. Hallwag Verlag, Bern – Stuttgart, 1994.

Michael Jackson, Bier, über 1000 Marken aus aller Welt. Hallwag Verlag, Bern – Stuttgart, 4. Auflage 1994.

Dietrich Höllhuber / Wolfgang Kaul, Die Biere Deutschlands. Verlag Hans Carl, München, 2. Auflage 1993.

Gerhard Merk / Hannes Sieber, Das Münchner Bier, Wer's braut, wie's schmeckt, wo's fließt. Frisinga Verlag, 1991.

Regina und Manfred Hübner, Der deutsche Durst. Illustrierte Kultur- und Sozialgeschichte. Edition Leipzig, Leipzig 1994.

Ernst Friedrich, Bier. Sigloch Edition, Künzelsau, 1993.

Christoph Wagner, Bier & Küche. Guide-Verlags-Anstalt, 1987.

Norbert Messing, Heilen mit Bierhefe. Die Wiederentdeckung einer alten Volksarznei, Verlag Ganzheiliche Gesundheit, Bad Schönborn, 5. Auflage 1993.

Ignaz Giensing (Hg.), Kleine Bettlektüre für Freunde und Kenner eines gepflegten Bieres, Scherz Verlag, Bern – München – Wien.

DIE AUTOREN

Christine Hlatky
Geboren in Pöls bei Judenburg, Bürokauffrau, Geschäftsführerin einer Export-Import-Firma. Zur Zeit Hausfrau und Autorin mehrerer Kochbücher: „Kochen mit Bier", „Kochen mit Wein".

Mag. Michael Hlatky
geboren 1958 in Judenburg, Mittelschule in Judenburg, Abitur 1976, Abturientenlehrgang der Handelsakademien, anschließend Studium der Betriebswirtschaftslehre in Graz. Nach einigen Jahren im Management eines internationalen Lebensmittelkonzerns Wechsel ins Verlagswesen. Zur Zeit im Bereich Marketing und Vertrieb tätig. Nebenberuflich Autor mehrerer Bücher zum Thema Bier, wie z.B. „Bierbrauen für jedermann" oder „Das große österreichische Bierlexikon".

BIERBRAUSEMINARE

Die Autoren sind ferner als Referenten bei ein- und mehrtägigen Bierbrauseminaren tätig, in denen das Grundwissen über die Biererzeugung in den eigenen vier Wänden vermittelt wird. Bei diesen Brauseminaren erfolgen auch ein Verkosten selbstgebrauten Bieres und der Vergleich und die Beurteilung der mitgebrachten Biere der Seminarteilnehmer.

Für nähere Details und die Voraussetzungen solcher Veranstaltungen kontaktieren Sie bitte die Autoren über die Verlagsanschrift:
Leopold Stocker Verlag, Hofgasse 5, A-8010 Graz, Tel. (0043) 0316 / 821636 Fax (0043) 0316 / 835612.

Spezialhaus für Kellereibedarf

Bierbereitung – Ihr Hobby!

Als Fachgeschäft für gewerbsmäßige und Hobby-Bier- und Weinbereitung liefern wir Ihnen:

Alles für die Bierbereitung, Hopfen, Malz, ober- und untergärige Bierhefe, Fässer aus Holz, Kunststoffe, und Edelstahl, Obst- und Beerenpressen sowie Mühlen in vielen Ausführungen, Glasballons, Gummistopfen und -kappen, Gäraufsätze, Handverschließgeräte für Natur- und Kronkorken, Refraktometer, Oechslewaagen, Alkoholometer, Antigeliermittel zur Erhöhung der Farb- und Saftausbeute, flüssige und trockene Reinzuchthefen, Kaliumpyrosulfit, Flaschenverschlüsse, Hahnen und Schläuche, versch. Filtriergeräte und Pumpen u. v. m. Fachliteratur zur Wein-, Most- und Bierbereitung.

Sie erhalten unsere Prospekte mit Preisangaben gegen DM 6,– in Briefmarken (Internationaler Antwortschein)

Wir liefern ins In- und Ausland.

**Albert Pfäffle GmbH Gymnasiumstraße 73 D-74072 Heilbronn
Fernruf (0 71 31) ✆ 8 45 89 + 8 56 30   Fax (0 71 31) 8 22 94**

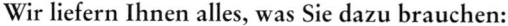

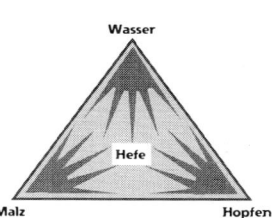